DINA KETZER

Sarah, RAHEL, Maria & ich

MEIN ANDACHTS- TAGEBUCH

neukirchener
aussaat

Dieses Buch wurde auf FSC®-zertifiziertem Papier gedruckt.
FSC® (Forest Stewardship Council) ist eine nichtstaatliche,
gemeinnützige Organisation, die sich für eine ökologische und
sozialverantwortliche Nutzung der Wälder unserer Erde einsetzt.

Bibliografische Information der Deutschen Nationalbibliothek

Die Deutsche Nationalbibliothek verzeichnet diese Publikation in der
Deutschen Nationalbibliografie; detaillierte bibliografische Daten sind im
Internet über http://dnb.d-nb.de abrufbar.

© 2016 Neukirchener Verlagsgesellschaft mbH, Neukirchen-Vluyn
Alle Rechte vorbehalten
Gesamtgestaltung: Grafikbüro Sonnhüter, www.sonnhueter.com
Lektorat: Juliane Seifert, Dresden
Gesamtherstellung: Finidr, s. r. o.
Printed in Czech Republic
ISBN 978-3-7615-6354-0

www.neukirchener-verlage.de

Jede Woche

EINE NEUE GESCHICHTE

Hey

ich freue mich sehr darüber, dass du dieses Buch in deinen Händen hältst. Genau für Mädels wie dich habe ich es zusammen mit einigen jungen Frauen, die ungefähr so alt sind wie du, geschrieben. An dieser Stelle möchte ich mich ganz herzlich bei meinen Mädels aus verschiedenen Jugendgruppen in Bayern bedanken. Ihr habt das toll gemacht! Es hat mir viel Spaß gemacht, mit euch zusammenzuarbeiten.

In diesem Buch geht es um Frauen aus der Bibel. Es handelt von ihren Sehnsüchten, Wünschen und Träumen. Es geht um ihre Erlebnisse und um ihre Gefühle. Es geht um das, was sie in ihrem Leben bewegt. Ich lade dich ein, in ihre Lebenswelt vor 2000 und noch mehr Jahren einzutauchen. Du kannst ein Jahr lang jede Woche eine der Frauen kennen lernen. Vielleicht kannst du bei der ein oder anderen total gut nachvollziehen, wie es ihr ergangen ist und kannst so noch mehr zu dir selbst finden.

Du,

Damit du weißt, wann die Frauen gelebt haben, die dir gerade ihre Story erzählen, gibt es vorne im Buch einen Zeitstrahl, bei dem du das nachschauen und nachlesen kannst. Dort findest du auch, wie die jeweilige Frau im Gesamtbild der Bibel einzuordnen ist. Die unterschiedlichen Farben helfen dir beim Finden. Nach jeder Erzählung findest du entweder von mir oder von einer anderen jungen Lady ein paar Gedanken zu dieser Geschichte. Danach kannst du auf den freien Zeilen deinen eigenen Worten freien Lauf lassen. Du kannst dich austoben, indem du schreibst, malst, zeichnest, bastelst, eine Collage machst ... Das muss natürlich nicht immer gleich alles sofort passieren. Bis zur nächsten Story hast du ja eine Woche Zeit – da kannst du viel entdecken. So kann dieses Buch nach und nach dein ganz persönliches Tagebuch werden.

Ich wünsche dir ganz viele tolle Entdeckungen und hoffe, dass dir die Frauen mit ihren Geschichten zeigen können, wie intensiv, herausfordernd und schön es ist, als eine Tochter Gottes Teil dieser Welt zu sein. Mit diesen Frauen hat er Geschichte geschrieben – mit dir tut er es auch.

Ich wünsche dir ein kreatives und spannendes Jahr.

Deine Dina

0. ZEITSTRAHL DER EPOCHEN UND EREIGNISSE DER BIBEL

ALTES TESTAMENT
Die Geschichte Gottes mit seinem erwählten Volk steht im Mittelpunkt des Geschehens. Die ganze Zeit über wird beschrieben, wie Gott um sein geliebtes Volk ringt, das ihm immer wieder untreu wird. Gott gibt nie auf! Er kämpft zu jeder Zeit leidenschaftlich darum, dass die Menschen zu ihm kommen und ihn als ihren Herrn annehmen.

ISRAEL IN ÄGYPTEN

2. Mose 1-11
Durch Josef kommt das Volk Israel nach Ägypten. Dort vermehrt es sich schnell und wird groß. Das macht den Pharaonen (Herrschern in Ägypten) Angst und sie unterdrücken die Hebräer. Diese wünschen sich aus dieser Situation befreit zu werden.
Asenat, Schifra und Pua, Jochebed und Mirjam

DiE URGESCHICHTE

1. Mose 1-11
In den ersten Kapiteln der Bibel
wird vom Entstehen der Welt, der
Sünde und von der Arche Noah
berichtet.
Eva, Judith

DiE ZEIT DER URVÄTER
ABRAHAM, ISAAK UND JAKOB

1. Mose 12-50
Die Geschichten dieser Männer und ihrer Familien
werden hier erzählt. Sie sind bis heute von großer
Bedeutung, da sie von den Wurzeln des Volkes Israel
und somit auch von unseren Wurzeln berichten.
Sarah, Hagar, Rebekka, Lea, Rahel, Bilha und Silpa

AUSZUG, WÜSTEN-WANDERUNG UND ANKOMMEN IM VERSPROCHENEN LAND

Von 2. Mose 12 bis Richter 2

Gott schickt Mose, der mit seiner Hilfe das Volk Israel aus der Sklaverei in die Wüste führt. Geleitet von Gott wandert das Volk 40 Jahre lang durch die Wüste. Eine Zeit, die die Menschen sehr prägt. Ziel der Wanderung ist das gelobte Land, das Gott versprochen hat. Die Israeliten errichten dort nach und nach ihre neue Heimat.

Zippora, Mirjam, Rahab

ZEIT DER KÖNIGE

Von 2. Samuel 5 bis 2. Chronik

Das Volk Israel verlangt immer lauter nach einem König, der sie vor feindlichen Übergriffen schützen soll. Gott erfüllt den Wunsch und die Zeit der großen Könige Saul, David und Salomo bricht an. Nach diesen drei zerfällt das Großreich Israel in zwei Geteilte: das Nord- und das Südreich. Ab da gibt es jeweils zwei Könige, die in Israel herrschen. Propheten teilen ihnen immer wieder den Willen Gottes mit.

Michal, Kezia, Hulda

RICHTERZEIT

Von Richter bis 2. Samuel 4
Ein geregeltes Zusammenleben in der neuen
Heimat soll durch Richter gewährleistet werden.
Debora, Ruth, Noomi, Hanna

EXIL

2. Könige 24+25, 2. Chronik 36
Zuerst geht das Nordreich, dann auch das Südreich
durch feindliche Übergriffe unter. Viele Israeliten
werden nach Babylon verschleppt. Sie erleben dort,
wie ihr Gott ihnen auch in der Ferne zur Seite steht.
Sie erkennen: „Er ist der einzige Gott!" Diese
Erkenntnis ist ein sehr wichtiges Ereignis in der
Geschichte Israels.

RÜCKKEHR AUS DEM EXIL IN BABYLON

Esra, Nehemia, Ester

Nach und nach dürfen die Menschen aus Babylon zurückkehren. Sie bauen ihr Land neu auf. Außer dem Aufbau und dem Buch Ester ist aus dieser Epoche wenig bekannt. Sie geht über einen langen Zeitraum. Zuerst haben die Perser die Weltmacht inne, dann die Griechen und schließlich steigen die Römer zur Weltmacht auf. Sie herrschen auch über Israel.

Ester

NEUES TESTAMENT

Zur Zeit der römischen Besetzung in Israel kommt Jesus in Betlehem zur Welt. Als Gottes Sohn hinterlässt er viele Spuren. Sein Leben, sein Tod und seine Auferstehung überzeugen viele Menschen. Nach seiner Rückkehr in den Himmel fangen Apostel wie Petrus und Paulus an, überall auf der Welt christliche Gemeinden zu gründen. Die gute Nachricht breitet sich aus – bis heute!

ZEIT DER ERSTEN GEMEINDEN

Apostelgeschichte, Briefe

Durch die Verkündigung von Jesu Worten und Taten werden zum Beispiel in Korinth, Ephesus und Rom Gemeinden gegründet. Von ihren Anfangszeiten berichten die Apostelgeschichte und die Briefe.

Tabita, Lydia, Pricilla, Lois und Eunike, Phoebe

ZEIT JESU

Matthäus, Markus, Lukas, Johannes
Jesus wirkt ca. drei Jahre lang intensiv unter
den Menschen in Israel. Er heilt, predigt, liebt
und vergibt. Viele Menschen sind zutiefst
bewegt. Männer und Frauen folgen ihm auf
seiner Wanderschaft. Sie erleben sein Wirken
und seinen Tod live mit. Nach seiner Auferstehung begegnet er ihnen wieder und
sendet sie als Boten der guten Nachricht in
die Welt hinaus.
*Elisabeth, Maria, Mutter Jesu, Hanna, Jedida,
Photini, Rifka, Johanna, Susanna, Delila, Jael,
Maria, Marthas Schwester, Martha, Tabea,
Damaris, Milka, Chaja, Tirza, Dina, Saphira,
Schoschana, Abigail, Tamar, Maria, Salome,
Peninna*

1. Eva

1. MOSE 1

Auf einmal war ich da.
Aber wo war ich? Und wer war ich?

Um das zu begreifen, begann ich langsam, mich abzutasten. Die Beine, meinen Bauch, meine Brüste, meine Arme, mein Gesicht und meine Haare. Ich fühlte warme, weiche Haut, vor allem in der Armbeuge. Ich fühlte feine Härchen auf meinen Armen und Beinen. Ich nahm meine Zehen und Finger wahr. Danach hielt ich meine Augen geschlossen. Ich betastete auch sie. Da waren die Augenlider und meine Wimpern. Alles an mir fühlte sich toll an!

Schließlich bemerkte ich, dass ich vieles an mir bewegen konnte. Ich machte einen Schritt nach vorne und schlug meine Augen auf. Wer war das neben mir? Als ich ihn von oben nach unten musterte, begriff ich schnell, dass wir gleich gebaut und doch ganz verschieden waren. Er gefiel mir.

Auch er schaute mich an. Unsere Blicke trafen sich. Zum ersten Mal kommunizierte ich mit einem menschlichen Wesen. Es war alles so aufregend. Mein Herz klopfte. Ich konnte mich gar nicht sattsehen an den blauen Augen, den feinen Grübchen um den Mund und der breiten Brust meines Gegenübers.

Nach ein paar Minuten löste ich meinen Blick von ihm. Sofort forderte die Welt um mich herum meine Aufmerksamkeit. Es gab so viel zu entdecken. Ich hörte Rauschen, Zwitschern, Gurren, Brüllen und so viel mehr, das ich noch nicht einordnen konnte. Meine Augen sahen viele Farben: Himmelblau, Grasgrün, Apfelrot, Sonnenblumengelb, Veilchenlila und Pandaschwarz. Gleichzeitig nahmen sie weitere Lebewesen wahr. Ich schaute sie nacheinander an. Sie waren alle wunderschön. Aber keins war so wie mein Gegenüber und ich.

„Es wird eine lange Zeit dauern, bis ich alles erfasst habe", dachte ich. Und da fiel mir auf, dass ich denken konnte. Wie ging das? Ich verstand es nicht. Aber ich begriff, dass mein Körper komplex gemacht war. Auch hier würde ich lange brauchen, um seine Fähigkeiten zu entdecken.

Mitten in meine Entdeckungen und erste Feststellungen hinein hörte ich eine Stimme. Ich erschrak nicht, auch wenn das die ersten Worte waren, die ich je gehört habe. Die Stimme kam mir bekannt und vertraut vor. Sie sprach zu mir und meinem Gegenüber: „Ich segne euch. Ihr sollt Kinder bekommen und die Erde bewohnen. Ihr sollt über alle Lebewesen herrschen. Für eure Versorgung habe ich Pflanzen und Bäume gemacht. Sie bringen Früchte und Samen hervor, von denen ihr euch ernähren könnt." Ich staunte über diese Worte. Noch begriff ich ihr Ausmaß nicht. Trotzdem war ich neugierig und irgendwie glücklich. Meine Finger kribbelten. Mein Herz klopfte. Langsam hob ich meinen Arm und berührte das Gesicht meines Gegenübers. Meine Hand traf auf weiche Haut. Bevor ich ganz in meine neue Welt eintauchte, hörte ich nochmals die vertraute Stimme: „Es ist alles sehr gut!"

Die Schöpfungsgeschichte am Anfang der Bibel erzählt uns, wie die Welt durch Gott entstanden ist. Nach und nach nimmt alles Form an. Gott zeigt hier, dass er der Erfinder von Kreativität und Vielfalt ist. Am Ende schafft er sein Meisterwerk. Sein Ebenbild. Seine Lieblingsgeschöpfe. Die ersten Meisterstücke waren Adam und Eva. Es folgten noch viele einzigartige, kreativ und liebevoll erdachte Personen. Auch du bist ein von Gott wunderbar gemachtes Mädchen. Er hat dich ins Leben geliebt. Ich wünsche dir, dass du deinen Körper wie Eva erforschen und kennenlernen kannst. Das geht ganz ohne Spiegel. Ich wünsche dir, dass du nach und nach entdeckst, was alles in dir steckt. Das geht am besten, wenn du dich ausprobierst! Gott sagt jederzeit zu dir: „Du bist mir toll gelungen." Das ist die Wahrheit, die seit deiner Geburt über deinem Leben steht: Du bist sehr gut.

2. Judith

1. MOSE 6,5–7,17

Jetzt war es also so weit. Seit Wochen warteten meine Familie und ich auf diesen Moment. Der Augenblick, in dem Gott uns befahl: „Geht an Bord der Arche!"

Monate zuvor hatte mein Mann Noah von Gott einen Auftrag bekommen. Der Anlass dafür war sehr traurig. Die Menschen um uns herum hatten nur böse Gedanken und handelten schlecht. Ich selbst hatte an manchen Tagen Angst, vor die Tür zu gehen. Auch um meine Söhne Sem, Ham und Jafet bangte ich sehr. Zum Glück fanden alle drei ihren eigenen Weg und dazu noch liebevolle Ehefrauen. Wir waren als Familie die Einzigen, denen Gott noch etwas bedeutete. Das war keine leichte Zeit für uns. Und dann kam Gottes Auftrag: „Die Menschen sind alle böse und gemein. Ich will sie und mit ihnen zusammen die Erde vernichten. Nur du, deine Familie und jeweils ein Männchen und ein Weibchen von jeder Tierart sollen überleben! Baue einen Kasten aus Tannenholz mit vielen Kammern. Dichte ihn gut mit Pech von innen und außen ab! Dieser Kasten ist die Arche und sie soll schwimmen und euch retten. Alle anderen Lebewesen werden in der Sintflut, die ich schicke, umkommen."

Als Noah mir von Gottes Plänen erzählte, erschrak ich. Gott machte ernst! Ich hatte keine Zweifel an seiner Entschlossenheit. Er wollte das alles nicht mehr. In diesem Moment war ich dankbar, dass wir durchgehalten hatten. Unsere Treue zu Gott würde von ihm belohnt werden. Schon am nächsten Tag machte sich Noah ans Werk. Der Stapel Tannenholz auf unserem Grundstück wuchs immer höher. Unsere Nachbarn wurden darauf aufmerksam: „Noah, was machst du denn da?" – „Was will dein Mann mit dem ganzen Holz?", fragten mich die Frauen am Brunnen. Wir wichen mit allgemeinen Floskeln den Fragen aus. Als Noah und meine Söhne anfingen zu bauen, wie Gott es angeordnet hatte, war das Chaos in meinem schönen Garten perfekt. Überall lagen Sägespäne. Meine Männer veranstalteten einen riesigen Lärm. „Jetzt sagt schon, was wird denn das?", fragten die Leute wieder. Als sichtbar wurde, dass wir ein großes Schiff bauten, fingen sie an zu lachen. „Wo wollt ihr denn hinsegeln?" – „Was wollt ihr denn mit diesem Ding?", verspotteten sie uns. Wir ließen uns nicht beirren. Während die Männer bauten, beschafften meine Schwiegertöchter und ich Vorräte für die Überfahrt. Da wir keine Ahnung hatten, wie lange wir in der Arche bleiben sollten, wuchsen die Nahrungsberge beträchtlich. Nebenbei begannen wir, die ersten Tierpaare einzufangen und in kleine Gehege zu bringen. Das war ein Geschrei und Geflatter! Unsere Vorbereitungen näherten sich dem Ende. Noah wartete jeden Tag auf weitere Befehle von Gott.

Als Gott schließlich sagte: „Geht an Bord der Arche!", führten wir zuerst die Tiere paarweise hinein. Die Kammern füllten sich. Es würde ganz schön eng werden. Viele Leute sahen dem Treiben zu. Sie hielten uns nicht auf. Sie konnten nur nicht fassen, was wir da taten. Schließlich gingen unsere Söhne und ihre Frauen an Bord. Noah und ich blieben einen Moment vor der Tür stehen. Er legte seinen Arm um mich: „Judith, ich liebe dich. Ich bin froh, dass Gott mir eine so tolle Frau gegeben hat. Danke für deine Unterstützung." Ich blinzelte meine Tränen weg und sah ihn an. „Ich liebe dich auch. Ich bin froh, dass wir gemeinsam an Bord gehen." Wir schritten die Planken zur Arche hoch. Hinter uns schloss sich die Tür wie von Geisterhand. Wir begriffen, dass Gott sie persönlich verschlossen hatte. Zum ersten Mal versorgten wir die Tiere. Als ich Karotten holte, bekam ich den ersten Regentropfen ab. Schließend hörte es vierzig Tage nicht mehr auf zu regnen …

FRAGEN:
Wie findest du die Story? Was bleibt dir besonders im Gedächtnis?
Was denkst du über Gottes Handeln?
Gott hat einen Auftrag für Noah. Dieser handelt und führt ihn aus.
Was könnte deine Aufgabe für die kommenden Wochen sein?
Wie willst du handeln?

Wenn es dich interessiert, kannst du die Geschichte von Noah und seiner Familie in dieser Woche weiterlesen. Du findest sie in der Bibel im Anschluss an diese Geschichte ...

....

....

....

....

....

....

....

....

....

....

....

....

3. Sarah

1. MOSE 18,1-15; 1. MOSE 21,1+2

Kennst du solche Tage, an denen du morgens davon ausgehst, dass alles wie immer sein wird und dann kommt doch alles anders? Genau so einen Tag habe ich gestern erlebt.

Ich bin wie immer im Morgengrauen aufgewacht. Ein paar Momente habe ich noch die Wärme meines Schlaflagers genossen, dann bin ich aufgestanden. Eine Menge Arbeit wartete auf mich. Nach einem stärkenden Glas Ziegenmilch rief ich unsere Knechte und Mägde zusammen, um mit ihnen den Tag durchzugehen. Anschließend brachte ich meinem Mann Abraham das Frühstück. Ich setzte mich zu ihm und wir unterhielten uns wie jeden Morgen angeregt. Seit vielen Jahren sind wir verheiratet. Ich bin Abraham dankbar, dass er mich immer noch so gerne hat, obwohl ich jetzt viele Pölsterchen habe. Die stören ihn gar nicht. Außerdem habe ich einige Falten bekommen. Leider sind das nicht nur Lachfältchen. Auf meinem Gesicht gibt es auch einige Falten, die durch Sorgen entstanden sind. Sorgen um Land, Essen und vor allem darum, warum wir keine Kinder haben können. Inzwischen hat sich das Thema durch unser fort-

geschrittenes Alter erledigt. Als wir jünger waren, hat es uns sehr beschäftigt. Abraham war mir in dieser schweren und ungewissen Zeit ein treuer Gefährte. Auch an diesem Morgen konnte ich seine Liebe zu mir spüren. Nach unserem Gespräch habe ich nach und nach meine täglichen Aufgaben erledigt.

Die Sonne ging schnell auf und brannte bald erbarmungslos auf uns herunter. Abraham ruhte sich vor dem Zelt aus. Ich hielt mich lieber drinnen auf. Auf einmal hörte ich draußen Schritte und Stimmen. Gerade als ich nachsehen wollte, wer da gekommen war, flog die Tür zum Zelt auf und Abraham eilte auf mich zu. „Schnell Sarah, backe mit unserem feinsten Mehl einen Kuchen!" Kaum hatte er mir das gesagt, war er wieder weg. Ich machte also einen Kuchen, genau so, wie er ihn besonders gerne mochte. Abraham kam selbst, um ihn zu holen. Jetzt konnte ich meine Neugier nicht mehr unterdrücken. Ich lief ihm nach bis zur Tür des Zeltes. Dort blieb ich stehen und blinzelte durch einen Spalt hinaus. Ich sah drei Männer, die von Abraham bewirtet wurden. Weil die Sonne mich blendete, schloss ich die Tür wieder. Ich blieb stehen, wo ich war, und lauschte. „Wo ist deine Frau Sarah?", hörte ich einen der Fremden fragen. „Drinnen im Zelt." – „Wenn ich nächstes Jahr wieder zu dir komme, dann soll Sarah einen Sohn haben." Ich schnaubte und konnte mir ein Kichern nicht verkneifen. Wie sollte das gehen? Abraham und ich schliefen kaum noch miteinander. Meine Wechseljahre waren vorbei und ich war schon davor nicht fruchtbar gewesen. „Meinst du wirklich, dass ich in meinem Alter noch ein Kind zur Welt bringen soll?", sagte ich leise vor mich hin. Ich konnte gar nicht mehr aufhören zu grinsen.

Da hörte ich wieder die Stimme des Fremden: „Wieso lacht Sarah und sagt, dass sie zu alt ist, um ein Kind zu bekommen? Sollte Gott etwas unmöglich sein? Wenn ich nächstes Jahr zur selben Zeit wieder komme, soll Sarah einen Sohn haben!" Ich schämte mich dafür, dass mich der Fremde gehört hatte. „Ich habe nicht gelacht", log ich schnell. Doch er beharrte darauf: „Doch, du hast gelacht!" Ich entfernte mich von der Zeltwand und ließ mich auf einen Hocker fallen. Ich war überwältigt. Einen Sohn? Es wäre zu schön, wenn es wahr werden würde, was der Fremde gesagt hatte!

Übrigens: Es ist wahr geworden. Du kannst es selbst in Genesis 21,1+2 nachlesen.

1. GEDANKE ...

Es gibt viele Überraschungen im Leben: Eine gute Note in Latein, obwohl man eigentlich jedes Mal Fünfen und Sechsen kassiert. Ein Besuch von einer Freundin, die ich schon lange nicht mehr getroffen habe. Ein Geburtstagsgeschenk, das ich mir schon so lange gewünscht habe.

Und dann gibt es auch noch diese Überraschungen, die dein Leben verändern, mit denen man überhaupt nicht rechnet! So einer Überraschung ist Sarah begegnet. Sie hat schon lange aufgegeben, ein Kind zu bekommen, und eigentlich könnte sie auf biologischem Wege nicht schwanger werden, doch sie wird es. Eigentlich besteht keine Chance mehr für Oma Gerda, sagen die Ärzte, doch dann besiegt sie den Krebs. Gott kann alles schaffen. Er kann dein Leben, das heute noch voller Zweifel und negativen Gedanken ist, wieder hell machen, auch wenn du es für unmöglich hältst.

2. GEDANKE ...

Vielleicht denkst du nun: Ja gut, das hat Gott vor 4000 Jahren gemacht, aber ich habe davon noch nie was gespürt, dass er da ist, oder dass er eingreift.

Ich möchte dir ein Erlebnis aus meinem Leben erzählen: Als ich als Konfirmandin psychisch sehr kaputt war und viele Sorgen mit mir herumtrug, bin ich aufs KonfiCastle gefahren, das ist eine Konfirmandenfreizeit des CVJM Bayern. Dort hab ich plötzlich gespürt, dass Gott da ist. Ich kannte zwar Geschichten aus der Bibel vom Kindergottesdienst, aber es hatte nun das erste Mal mit MIR zu tun, und das hat mein Leben seither stark geprägt. Mein Leben war jetzt nicht unbedingt sofort SUPER, aber ich kann nun meine Sorgen vor Gott bringen und schöpfe Hoffnung aus dem Glauben.

Lea, 16

....

....

....

....

4. Hagar

1. MOSE 16,1-16; 21,8-21

Ich kann einfach nicht glauben, dass ich schon wieder an diesem Punkt gelandet bin! Ich bin schon wieder in der Wüste, habe schon wieder schrecklichen Durst und habe wieder keinen Plan, wie es weitergehen soll!

Eigentlich hatte alles ganz gut ausgesehen. Mit Sarah, meiner Herrin, bin ich wieder gut ausgekommen. Das war nicht immer so gewesen. Vor ein paar Jahren gab es einen großen Streit zwischen uns. Alles begann damit, dass meine Herrin keine Kinder bekommen konnte. Lange hatten sie und ihr Mann Abraham versucht, schwanger zu werden. Oft habe ich sie an dem Tag getröstet, als ihre Blutung einsetzte. Immer war ich für sie da. Deshalb fiel ich aus allen Wolken, als sie mir eines Tages ihre absurde Idee präsentierte: Sie wollte, dass Abraham mit mir schlief. Wenn ein Kind entstehen sollte, würde es das Kind von Abraham und Sarah sein. Sie konnte das so bestimmen, weil ich ihr gehörte. Ich musste mich ihrem Willen beugen und verbrachte eine Nacht mit Abraham. Obwohl er gut mit mir umging, war ich unendlich wütend auf Sarah! Es ist hart, wenn jemand anderes so über deinen eigenen Körper bestimmen kann!

Nach ein paar Wochen war klar, dass es geklappt hatte: Ich war schwanger. „Tja, Sarah, ich bin besser als du. Ich kann deinem Mann das geben, was er sich wünscht!", dachte ich bei mir. Ich verachtete meine Herrin für ihre Unfruchtbarkeit und für ihre Entscheidung. Wenn sie etwas von mir wollte, ließ ich mir absichtlich viel Zeit oder erledigte meine Aufträge schlampig. Das entging Sarah natürlich nicht und sie schimpfte mit mir. Davon ließ ich mich aber nicht beeindrucken. Ich schaute weiter auf sie herab. Bevor sie mich richtig bestrafen konnte, floh ich zum ersten Mal in die Wüste. Dort begegnete mir ein Engel Gottes, der mich mit Worten des Trostes über mein ungeborenes Kind zurückschickte. Ich riss mich zusammen und kehrte zurück. Sarah empfing mich zwar nicht mit offenen Armen, aber sie ließ mich weiter für sie arbeiten. Mein Sohn Ismael kam zur Welt. Und schließlich wurde sogar Sarah schwanger. Sie bekam einen Sohn, den sie Isaak nannte. Endlich schien alles gut zu werden.

Bis zu dem Tag, als Sarah sah, wie mein Sohn Ismael sich über den kleinen Isaak lustig machte und mit ihm scherzte. Ich ahnte schon, dass es Stress geben würde. Sarah beschwerte sich am Abend lauthals bei Abraham. Ihre Worte klingen immer noch in meinen Ohren: „Schick diese Magd mit ihrem Sohn fort! Mit diesem Jungen soll Isaak sich nicht sein Erbe teilen müssen!" Abraham, der Schwächling, gab nach und schickte uns am nächsten Morgen fort. Jetzt sind Ismael und ich wieder in der Wüste. Wir haben schon lange kein Wasser mehr. Ich kann nicht mit ansehen, wie mein Junge stirbt. Verzweifelt lege ich ihn unter einen Strauch. Dann schleppe ich mich ein paar Meter weiter und fange an, hemmungslos zu weinen. Ich weiß nicht mehr, was ich tun soll. Schließlich lasse ich mich auch nach hinten sinken und warte auf den Tod. Doch dann passiert etwas Unfassbares: Wieder begegnet mir ein Engel. Er macht mir Mut. Auf einmal kann ich einen Brunnen in der Ferne sehen. So schnell ich kann, nehme ich Ismael und laufe zum Wasser. Ich gebe ihm zu trinken. Seine Wangen bekommen wieder Farbe. Er strahlt mich an. Mir wird es ganz warm ums Herz. Wie auch immer wir das schaffen: Wir werden hier bleiben. Ich hoffe, Gott steht uns bei!

Ich kann mir gut vorstellen, dass Sarah trotz der Entscheidung neidisch auf Hagar war. Ich meine: Sie hat jahrelang versucht, schwanger zu werden, und wollte mit der Entscheidung, dass ihre Magd mit ihrem Mann schläft, wahrscheinlich nur die Bestätigung haben, dass irgendwas mit ihrem Mann nicht stimmt. Aber auf einmal wird Hagar doch schwanger. Ich kann mir vorstellen, wie entsetzt und deprimiert Sarah deswegen war. Sie hat sich sicherlich Vorwürfe gemacht und wusste nicht, was mit ihr nicht stimmte. Dadurch, dass Hagar mit Abraham schlief, hat Sarah die Bestätigung bekommen, dass es an ihr liegt, dass sie kein Kind bekommen können – nicht an Abraham. Als Sarah durch ein Wunder Gottes dann auch ein Kind bekam und für Hagar alles in Ordnung schien, musste nur noch der Moment kommen, an dem Ismael einen winzigen Fehler machte. Als er sich über Isaak „lustig" gemacht hatte (ich kann mir ganz genau vorstellen wie dies aussah bei Kindern) war es für Sarah zu viel oder vielleicht auch einfach eine Gelegenheit, die beiden zu verbannen. Ist ja klar, sie will die Frau, die von ihrem Mann schwanger werden konnte, nicht mehr sehen und der Sohn soll auch fort. Sie hat ja jetzt auch einen Eigenen.

Denkst du, solch eine Situation gibt es auch noch in der heutigen Zeit?

Denkst du, Sarah hat richtig gehandelt? – Von der ersten bis zur letzten Entscheidung.

Wie hättest du gehandelt?

Warst du auch schon mal neidisch auf jemanden und hast ihm dann etwas angetan, was du vielleicht im Nachhinein bereut hast?

Jessi, 16

....

....

....

....

....

....

5. Rebekka

„Rebekka, gehst du bitte zum Brunnen und holst Wasser?"
„Ja, Mutter, ich bin schon unterwegs!" Ich setze mir den Wasserkrug auf die Schultern und ziehe los. Als ich am Brunnen bin, kommt ein Mann mit schnellen Schritten auf mich zu. Aufgewühlt fragt er: „Kannst du mir einen Schluck Wasser geben?" „Natürlich Herr", antworte ich ihm. Während er aus meinem Krug trinkt, entdecke ich etwas abseits des Brunnens seine Kamele. So wie die aussehen, sind sie bestimmt eine Weile gelaufen. Sie haben wahrscheinlich auch großen Durst. „Ich will auch deinen Kamelen Wasser geben!" Um den Durst der Tiere zu stillen, muss ich die Tränkrinne öfter nachfüllen. Schließlich haben die Kamele genug. Zufrieden schauen sie mich an. Da kommt der Mann wieder zu mir. Er schenkt mir einen goldenen Nasenring und zwei Armreifen. Ich weiß zwar nicht, womit ich das verdient habe, aber der Schmuck gefällt mir gut. „Wer ist dein Vater? Kann ich bei euch übernachten?", will der Mann wissen. „Mein Vater heißt Betuel. Ja, wir haben genügend Platz für euch und auch Futter für die Kamele. Ich sage meiner Familie Bescheid, dass ihr kommt." Auf dem Rückweg frage ich

mich, ob dieser mysteriöse Mann etwas von uns will. Zu Hause erzähle ich, was passiert ist. Als mein Bruder Laban den Schmuck sieht und meine Worte hört, springt er auf und läuft dem Mann entgegen. Wenig später wird er offiziell bei uns willkommen geheißen.

Mein Vater und mein Bruder essen mit dem Fremden. Meine Mutter und ich laufen unruhig an der Kochstelle hin und her. Das Gespräch der Männer dauert lange. Immer wieder dringen Wortfetzen durch die dünne Zeltwand zu uns herüber. Sie sprechen über mich. Und über einen Isaak. Meine Mutter meint, das Wort Hochzeit genau gehört zu haben. Was wird der Ausgang des Gesprächs sein?

Die Männer stürmen aus dem Raum. Ich bekomme noch mehr wertvolle Geschenke. Mein Vater nimmt mich in den Arm: „Schon bald wirst du die Frau von Isaak sein. Er ist ein entfernter Verwandter von dir. Sein Vater hat eine passende Frau für ihn gesucht und mit dir gefunden. Ich bin so stolz auf dich." Meine Mutter hat Tränen in den Augen. Sie weiß, dass sie mich bald loslassen muss. Ich freue mich auf die Reise. Wenn ich an meine Zukunft denke, bekomme ich Gänsehaut. Bald wird mein Leben ganz anders sein!

Am nächsten Morgen werde ich gerufen. Mama fragt mich: „Bist du einverstanden, schon heute aufzubrechen?" Ohne lange zu überlegen, stimme ich zu. Die Reise ist schnell vorbereitet. Der Abschied fällt mir nicht leicht. Ich lasse alles hinter mir, was mir vertraut ist. Als ich schließlich auf meinem Kamel sitze, wische ich mir die Tränen von den Wangen. Ich drehe mich ein letztes Mal um und winke meiner Familie zu. Dann richte ich meinen Blick nach vorne in die unbekannte Zukunft.

Abends kommen wir an unserem Ziel an. Ich sehe einen jungen Mann an einem Brunnen. Als er uns sieht, läuft er uns entgegen. Mein Herz klopft auf einmal wie verrückt. Nichts hält mich mehr auf meinem Kamel. „Wer ist dieser Mann?", frage ich meinen Begleiter. „Das ist Isaak!" Als ich den Namen meines zukünftigen Mannes höre, ziehe ich meinen Schleier übers Gesicht. Ich beobachte ihn verstohlen. Er gefällt mir. Das ist also der Mann, mit dem ich die restliche Zeit meines Lebens verbringen werde. Ich kann mir vorstellen, dass es eine gute Zeit wird. Ich bin so gespannt auf das, was alles vor uns liegt!

Ich verstehe nicht ganz, warum es früher und auch heute noch Zwangs-hochzeiten gab und gibt, und finde das nicht besonders toll, weil jeder selbst den Partner fürs Leben finden sollte. Aber bei Rebekka ist es ja zum Glück nicht so schlimm gewesen, weil sie Isaak gleich von Anfang an sympathisch fand.

Ich finde es sehr mutig von ihr, dass sie es wirklich durchgezogen hat und nicht abgehauen ist. Ich glaube, ich hätte mich gegen diese Ehe gewehrt. Dass die Eltern ihre Tochter gehen lassen, finde ich auch sehr krass.

Carolin, 15

....

....

....

....

....

....

....

....

....

....

....

....

6. Rahel

1. MOSE 29,1-14

Es ist ein Tag wie viele andere auch.

Ich bin früh aufgestanden. Meine erste Aufgabe ist es, Wasser zu holen. Anschließend habe ich unsere Schafe zusammengeholt und bin mit ihnen ein Stück in den Norden gewandert. Dort habe ich gestern auf dem Heimweg eine saftige Stelle entdeckt. Jetzt grasen meine Schützlinge friedlich nebeneinander. Ich bin froh, dass es ruhig um uns ist. Noch einmal halte ich Ausschau nach wilden Tieren. Nichts in Sicht. Also setze ich mich und fange an zu träumen. Ich stelle mir vor, wie es wäre, ein richtig angenehmes Bad zu nehmen ...

Eine warme Schafschnauze stupst mein Gesicht an. Ich schiebe sie weg und blinzle. Die Sonne steht noch hoch am Himmel. Trotzdem ist sie gewandert. Ich muss wohl eingeschlafen sein! Es ist Zeit, die Tiere zum Brunnen zu bringen, damit sie trinken können. Zum Glück sind sie eng zusammengeblieben. Mit ein paar Rufen bringe ich sie dazu, sich in Bewegung zu setzen. Wie langsam Schafe sein können! Gemächlich trotten sie neben mir her.

Von Weitem sehe ich, dass am Wasserloch schon viel los ist. Die anderen Hirten warten auf mich. Ein fremder Mann steht bei ihnen. Als ich näher komme, zeigen ein paar von ihnen auf mich. Der Fremde mustert mich. Wer ist das? Sollte ich ihn kennen? Unauffällig betrachte ich ihn. Er ist groß, braun gebrannt, schlank und hat honigfarbenes Haar, das ihm wild vom Kopf absteht. Er gefällt mir gut. Da treffen sich unsere Blicke und ich schaue schnell weg. Der Mann macht sich am Wasserloch zu schaffen. Es wälzt den Stein weg, der das Wasser schützt, und führt meine Schafe ans Loch. Dabei ist er sehr geschickt. Ich beobachte ihn verstohlen. Als alle Schafe trinken, dreht er sich zu mir um und kommt auf mich zu. Ohne Vorwarnung nimmt er mich in den Arm. Er küsst mich auf beide Wangen und auf meine Stirn. Ich bin verwirrt. Er fängt sogar an zu weinen. „Ach Rahel! So heißt du doch, oder?" Ich nicke bloß. „Es ist so schön, dich kennenzulernen! Ich bin Jakob, der Sohn von Rebekka!" Rebekka – war das nicht unsere Tante? Wir hatten sie noch nie gesehen. Dieser Mann ist also mein Cousin. „Das muss ich sofort meinem Vater erzählen!", rufe ich Jakob über die Schulter zu. Ich weiß, wie sehr mein Vater an seiner Familie hängt, die er so gut wie nie zu Gesicht bekommt.

Schnell laufe ich zu ihm. Als er hört, wer gekommen ist, läuft er Jakob entgegen, der mir gefolgt ist. Er nimmt ihn in den Arm und heißt ihn herzlich willkommen. Ich würde gerne weiter hierbleiben, um nichts zu verpassen, aber ich muss die Schafe noch versorgen. Als ich zurückkomme, herrscht am Brunnen große Aufregung. Die Neuigkeit hat sich schnell herumgesprochen. Endlich mal wieder ein spannendes Erlebnis!

Als ich abends auf meinem Lager liege, kann ich nicht einschlafen. Immer wieder tauchen Bilder vor meinem inneren Auge auf. Jakob, wie er sagt, dass er gerne länger bei uns bleiben würde. Sein Lächeln, als Papa ihm versichert, dass sein Wunsch gerne erfüllt wird. Seine Blicke, die er mir beim Abendessen zuwirft. Auch die Blicke meiner großen Schwester Lea gehen mir durch den Sinn. Sie hatte nur Augen für Jakob. Ich hoffe, ihr Interesse legt sich bald wieder. Ich bin selbst viel zu fasziniert von ihm und will ihn gerne besser kennenlernen. Zwei Frauen und ein Mann sind in unserer Kultur zwar üblich, aber ich kann mir das nicht vorstellen. Ich möchte gerne einen Mann für mich alleine. Vielleicht wird Jakob es sein?

Rahel steht kurz davor, sich zu verlieben – das ist eine aufregende Sache!
Warst du schon einmal verliebt oder bist es gerade? Wie fühlt es sich
für dich an?
Wie sollte der Junge sein, in den du dich verliebst?
Wie stellst du dir eine Beziehung vor?
Was kannst du selbst tun, um eine gute Partnerin zu sein/zu werden?
Dass wir Beziehungen haben dürfen, ist ein wunderbares Geschenk.
Wir dürfen es annehmen und uns darüber freuen. Keine von uns muss
mit aller Gewalt eine Beziehung erzeugen oder aufrechterhalten. Wir
sind frei zu wählen und zu warten, bis ein toller Typ uns erobert.

....

....

....

....

....

....

....

....

....

....

....

7. Lea

1. MOSE 29,1-33

Haran, 1. Mai

Heute ist etwas Aufregendes passiert: Unser Cousin Jakob ist bei uns aufgetaucht. Er will eine längere Zeit bleiben. Jakob scheint sehr nett zu sein. Und er sieht toll aus. Okay, ich habe mich ein bisschen in ihn verknallt! Morgen ziehe ich mein schönstes Kleid an. 😉

Wochen später

Liebes Tagebuch,
Jakob ist jetzt schon einen Monat bei uns. Er arbeitet für meinen Vater und hütet unsere Schafe. Ich versuche oft, mich mit ihm zu unterhalten. Aber sobald meine kleine Schwester Rahel auftaucht, hat er nur noch Augen für sie. Er will sie sogar heiraten! Dabei bin ich doch die Ältere von uns beiden! Mein Vater hat der Hochzeit leider zugestimmt. Ich kann mich ehrlich gesagt überhaupt nicht für Rahel freuen. Die beiden müssen noch sieben Jahre warten, bis sie heiraten dürfen. So lange arbeitet Jakob noch für meinen Vater. Aber für Rahel würde er wahrscheinlich alles tun *kotz*. Ich bin so neidisch! Ich würde alles dafür geben, wenn Jakob das für mich tun würde.

Sieben Jahre später

Liebes Tagebuch,

ich bin so aufgeregt! Mein Vater und ich haben einen schlauen Plan ausgeheckt. Sieben Jahre habe ich versucht, Jakob von mir zu überzeugen, doch es hat nicht geklappt. Trotzdem werde ich heute Nacht meine Hochzeitsnacht erleben – mit Jakob!!! Er denkt, dass er heute Rahel heiraten und mit ihr schlafen wird. Stattdessen werde ich in seinem Bett auf ihn warten. Hoffentlich bemerkt er die Verwechslung nicht zu früh. Wenn wir miteinander geschlafen haben, bin ich endlich seine Frau und er wird Rahel vergessen und mich lieben.

Am nächsten Morgen

Ich bin so enttäuscht! Seit Stunden weine ich mir die Seele aus dem Leib! Jakob hat zwar mit mir geschlafen, aber als er gemerkt hat, dass ich es bin, die bei ihm ist und nicht Rahel, ist er wie von der Tarantel gestochen aufgesprungen, hat mich einfach so liegen lassen und ist zu meinem Vater gerannt! Er konnte unsere Ehe zwar nicht mehr rückgängig machen, aber er hat bewirkt, dass Rahel auch seine Frau wird. Immer Rahel! Wieso kann er mich nicht auch so ansehen und lieben wie sie?

Einige Monate später

Endlich ist unser erster Sohn Ruben zur Welt gekommen. Jetzt muss Jakob mich einfach lieben! Doch als ich ihm unser Baby gezeigt habe, hat er sich nicht so gefreut, wie ich es mir vorgestellt habe. Er hat mich zwar angelächelt, aber nicht in den Arm genommen und herumgewirbelt wie er es bei Rahel immer tut. Was muss ich noch tun, um endlich gesehen zu werden? Ich hasse meine Schwester dafür, dass der Mann, den ich liebe, sie immer bevorzugt und mehr liebt als mich. Es ist so frustrierend, immer die Zweite zu sein! Ich werde versuchen, noch einmal schwanger zu werden. Vielleicht ändert das endlich Jakobs Gefühle zu mir …

OB DAS GEKLAPPT HAT? LIES AB 1. MOSE 29,33

Manchmal will man unbedingt, dass etwas so passiert, wie man es gern hätte, aber es will einfach nicht so werden. Vielleicht ist das aber auch gut so, denn Gott hat dann vielleicht einen anderen, besseren Plan. Wer weiß, hätte Lea einfach noch ein bisschen gewartet, dann hätte sie vielleicht einen Mann gefunden, der ihre Liebe erwidert hätte. Man kann die Liebe eines anderen Menschen nicht erzwingen.
Katharina, 16

....

....

....

....

....

....

....

....

....

....

....

8. Bilha und Silpa

1. MOSE 29,31-30,24

Bilha, die Magd von Rahel, und Silpa, die Magd von Lea, sitzen gemeinsam vor einem Zelt und unterhalten sich. Nicht weit von ihnen entfernt spielen viele Kinder. „Naftali, hör auf, Simeon zu nerven!", befiehlt Bilha einem der Jungs, den sie zur Welt gebracht hat. Seit seiner Geburt gilt er offiziell aber nicht als ihr Sohn, sondern als der von Rahel.

„Der wird immer frecher. Mit dem werden wir unsere liebe Not haben!", bemerkt Silpa, die Naftali ebenfalls beobachtet hat. „Er wird so schnell groß. Es ist schon viel zu lange her, dass er seinen ersten Schritt gemacht hat. Alle sind sie schnell groß geworden!", sagt Bilha verträumt. Sie sieht ihre Schützlinge der Reihe nach an. Da sind Ruben, Simeon und Levi, die schon Teenager sind. Sie spielen mit Juda, Dan, Naftalie, Gad und Asser hingebungsvoll ein Ballspiel. Issachar, Sebulon, Dina und vor allem Josef sind noch zu klein, um mit den Großen mithalten zu können. Sie spielen auf ausgebreiteten Schafsfellen mit Tieren aus Holz. Gerade fällt Sebulon hin und stößt sich den Kopf. Silpa ist gleich zur Stelle, um ihn zu trösten. Als er sich wieder beruhigt hat, kommt sie zu Bilha zurück. „Sie werden wirklich schnell groß. Wer hätte gedacht, dass es nach ein paar Jahren so viele sind?" – „Als Jakob Lea und Rahel geheiratet hat, habe ich mir schon gedacht, dass die drei es nicht leicht miteinander haben werden. Aber dass du und ich eine so entscheidende Rolle in diesem Familiendrama spielen sollten, war mir nicht klar!" Bedeutungsvoll und lange sehen die beiden Frauen sich an.

„Es kam mir so vor, als ob die beiden Schwestern verrückt geworden waren!", ergreift Silpa wieder das Wort. „Ja, das stimmt. Ich mein', ich konnte Rahel schon ein bisschen verstehen. Da kriegte die eigene Schwester nacheinander vier Kinder von dem Mann, den sie selbst liebt. Sie selbst wurde einfach nicht schwanger! Das musste sehr schwer sein. Aber als sie auf die Idee kam, dass ich ihr beim Kinderkriegen aushelfen sollte, war ich geschockt! Das waren schwere Tage für mich." – „Weil Rahel es so wollte, bist du Jakobs Frau geworden. Und schwupp, warst du zum ersten Mal schwanger! Wie war es eigentlich für dich, mit dem Herrn zu schlafen?", fragt Silpa. „Ich empfand nichts für ihn. So war die ganze Sache immer schnell vorbei. Beim zweiten Kind war ich gar nicht mehr nervös. Zum Glück hat Rahel sich zufrieden gegeben und ich musste nicht noch mehr Kinder bekommen." – „Dafür war Lea frustriert, weil sie nicht mehr schwanger werden konnte. Sie wollte durch mich mehr Kinder. Deshalb musste ich auch Jakob heiraten und zwei Kinder zu Welt bringen. Ich bin froh, dass ich sie wenigstens sehen und mit ihnen Zeit verbringen darf. Eigentlich ist das alles vollkommen verrückt! Wir sind in einen unglaublichen Zickenkrieg hineingeraten. Die beiden sind wie eifersüchtige Hennen aufeinander losgegangen." – „Ich schüttle heute noch manchmal den Kopf über sie. Dina, ich komme!" Bilha springt auf und putzt Leas Tochter die Nase.

Als sie wieder zurückkommt, sagt sie: „Silpa, ich bin so froh, dass du immer an meiner Seite warst. So konnte ich die ganze Geschichte und meine Schwangerschaften ertragen." – „Dasselbe gilt für Dich! Ich bin glücklich, dass unsere Herrinnen nun wieder selbst Kinder bekommen und wir aus dem Spiel sind. Zuerst bekam Lea noch ein paar Kinder und dann war Rahel auf einmal doch schwanger!" – „Ich erinnere mich sehr gut an den Tag, als sie sich sicher war", sagt Bilha lächelnd. „Josef hat unsere Kinderschar komplett gemacht. Rahel will unbedingt noch ein Kind. Ich finde, sie sollte sich mit ihrem tollen Jungen zufriedengeben." Silpa blickt Bilha an. Die nickt zustimmend.

Dann schauen die beiden in die Ferne. Oft haben sie sich darüber unterhalten, dass ihr Leben auch ganz anders sein könnte. Sie gönnen sich einen wehmütigen Augenblick. Dann sagt Silpa: „Uns geht es hier gut. Wir dürfen dankbar dafür sein!" – „Du hast recht. Ich glaube, Sebulon muss aufs Klo." Bilha verschwindet mit dem Jungen hinter einem Busch. Dan kommt angerannt: „Aua! Mein Knie!", heult er. Blut tropft von seinem Bein. Silpa beginnt ihn zu verarzten. Die Realität hat die beiden Frauen schnell wieder eingeholt.

Was die beiden Frauen erlebt haben, war damals nicht unüblich. Männer wie Jakob konnten mit mehreren Frauen verheiratet sein. Frauen konnten über das Leben ihrer Mägde entscheiden. Lea und Rahel hatten also das Recht dazu, mit Silpa und Bilha so umzugehen.

Wenn ich die Geschichte heute lese, finde ich das ungerecht. Ich finde, dass Rahel und Lea die beiden anderen zu ihrem Zweck ausgenutzt haben! Zum Glück können sich Bilha und Silpa gut leiden. Deshalb können sie über ihre Verletzungen, ihre Wut und ihre Enttäuschung reden.

Vielleicht kennst du das Gefühl, ausgenutzt zu werden. An welche Personen denkst du da? Was machen sie mit dir? Wie geht es dir damit?

Ausgenutzt zu werden tut weh. Es wird danach immer schwerer, sich auf Menschen einzulassen. Ich wünsche dir, dass du jemanden findest, mit dem du über deine Gefühle und Verletzungen sprechen kannst. Trau dich, mit jemandem darüber zu reden, wie andere dich behandeln. Überlegt gemeinsam, was du dagegen machen könntest und wie du am besten damit umgehen kannst.

....

....

....

....

....

....

....

....

....

....

9. ASENAT

1. MOSE 41,47-57

Ich möchte dir gerne aus meinem Leben erzählen.

Wenn du mich ansiehst, blickst du in das Gesicht einer alten Frau. Meine Haare sind grau, meine Haut hat viele Falten. Das war nicht immer so. Als ich so alt war wie du, hatte ich schöne, straffe Haut und ganz lange schwarze Haare. Ich bin in Ägypten als Tochter eines Priesters geboren. Durch den Beruf meines Vaters war meine Familie hoch angesehen. Meine Kindheit war unbeschwert. Ich erinnere mich gerne zurück an unser Haus mit viel Platz zum Spielen. Am liebsten denke ich an die kleine Katze, die ich zu meinem achten Geburtstag bekommen habe. Ich taufte sie Nesir. Wir spielten oft stundenlang miteinander Fangen.

Als ich älter wurde, begann ich mich für die Welt außerhalb meines Elternhauses zu interessieren. Ich verfolgte die Taten des Pharaos, unseres Herrschers, sehr genau. So erfuhr ich, dass er einen guten Berater an seiner Seite hatte. Sein Name war Zafenat-Paneach. Meine Mädels flüsterten mir zu, dass er wahnsinnig gut aussah und noch keine Frau hatte. Dabei kicherten sie albern und einige von ihnen machten sich Hoffnungen, als seine Frau ausgesucht zu werden.

An einem schönen Sommertag im gleichen Jahr durfte ich meinen Vater zu einem Empfang begleiten. Dort traf ich Zafenat-Paneach zum ersten Mal persönlich. Meine Freundinnen hatten nicht gelogen – er sah wirklich gut aus. Er war noch nicht lange im Dienst des

Pharaos, aber dieser schien ihn außerordentlich zu schätzen. Wenige Tage nach unserem Zusammentreffen wurde meinem Vater mitgeteilt, dass der Pharao es wünschte, dass ich die Frau von Zafenat-Paneach würde. Manche meiner Freundinnen wurden grün vor Neid. Sie redeten kein Wort mehr mit mir. Das fand ich ungerecht und es machte mich traurig. Ich hätte in dieser Zeit jede Unterstützung gebrauchen können. Ich freute mich nicht nur über diesen Wunsch, ich hatte auch Angst davor, einen Mann zu heiraten, den ich kaum kannte. Wie war er wirklich? Würde er mich gut behandeln? Wie wurde man eine gute Ehefrau?

Schon in unserem ersten Ehejahr wurde mir klar, dass meine Sorgen unbegründet waren. Josef, so hieß mein Mann wirklich, bevor der Pharao ihm einen ägyptischen Namen gegeben hatte, ist ein wunderbarer Ehemann gewesen. Wir hatten viel Spaß miteinander und ich fühlte mich jeden Tag ein bisschen mehr zu ihm hingezogen. Wir haben viel miteinander durchgemacht. Am Anfang seiner Amtszeit im Dienst des Pharaos koordinierte Josef die gesamte Ernte in ganz Ägypten. Sein Gott hatte ihm vorausgesagt, dass nach sieben guten Erntejahren sieben schlechte kommen würden. So legte mein Mann sich für alle Ägypter ins Zeug. Er ließ Getreide einlagern. Er machte das gut und ich war stolz auf ihn. In den ersten zwei Jahren vermisste ich ihn sehr, wenn er wieder unterwegs war. Doch dann kam unser erster Sohn Manasse zur Welt. Er war von Anfang an ein Wirbelwind und ich hatte alle Hände voll zu tun. Zwei Jahre darauf machte sein kleiner Bruder Ephraim unsere Familie vollständig. Ich liebte es, Mutter zu sein. Josef war sehr stolz auf seine Söhne. Er verbrachte jede freie Minute mit den beiden. Wenn ich meine Männer aus der Ferne beim Spielen beobachtete, hüpfte mein Herz vor Glück.

Als die sieben guten Jahre vorbei waren, behielt Josef einen kühlen Kopf. Jetzt hatte er mit der gerechten Austeilung des Getreides sehr viel Arbeit. Ich kam ihm, so gut ich konnte, zu Hilfe. So gingen auch die sieben dürren Jahre ins Land.

Bis hierhin hatte ich noch nicht viel über die Vergangenheit meines Mannes erfahren. Ich wusste, dass er aus Kanaan kam und viele Brüder hatte. Ich wusste auch, dass er hier in Ägypten zu Unrecht im Gefängnis gesessen hatte. Und ich kannte seine Gabe, wahre Dinge zu träumen. Eines Tages sollte ich mehr über seine Herkunft erfahren, aber das ist eine andere Geschichte … wenn du mehr wissen willst, kannst du sie im 1. Buch Mose Kapitel 37-50 nachlesen.

Asenat lässt dich hier an ihrer Geschichte teilhaben. Sie erzählt im Rückblick, was sie erlebt hat. Viele ältere Menschen haben faszinierende Lebensgeschichten. Sie sind weise und haben viel mitgemacht. Ihnen zuzuhören, lohnt sich – dabei können wir viel lernen und für unser Leben mitnehmen. Wie wäre es, wenn du diese Woche mal deine Oma, deine Mutter oder eine Nachbarin fragst, ob sie dir ein wenig aus ihrem Leben erzählen?

....

....

....

....

....

....

....

....

....

....

....

....

....

10. SCHIFRA UND PUA

2. MOSE 1,15-22

„Wenn ihr von den hebräischen Frauen zur Geburt gerufen werdet und seht, dass ein Junge auf die Welt kommt, dann tötet ihn sofort! Ist es ein Mädchen, könnt ihr es am Leben lassen."

Widerrede oder gar eine Diskussion ist hier zwecklos. Mit diesen Worten schickt der Pharao, der König von Ägypten, mich und meine Freundin Pua hinaus. Wir sollen als hebräische Hebammen diesen Befehl befolgen. Mit gesenktem Kopf verlassen wir seinen Regierungssaal. Als wir draußen durch einen von prächtigen Säulen gerahmten Gang gehen, packt Pua mich am Arm. Ihre Augen hat sie weit aufgerissen: „Er ist wahnsinnig! Er quält unser israelitisches Volk schon genug mit der harten Sklavenarbeit. Jetzt soll uns auch noch diese Maßnahme treffen!" „Du hast recht. Es ist verrückt, was er da von uns verlangt. Ich will auf keinen Fall so handeln. Dafür habe ich zu viel Respekt vor dem Leben und vor allem vor unserem Gott, der es erschaffen hat." – „Was sollen wir denn jetzt tun?", fragt sie mich. Ihre Stimme überschlägt sich fast. Mit einem Blick auf die Wachen im Palast antworte ich ihr: „Erst mal nach Hause gehen."

Wir sitzen in unserer Wohnstube und schmieden Pläne. Unsere Männer sind auch dazugekommen und beraten uns tatkräftig. Obwohl wir schon ein paar Ideen haben, das Gebot des Pharaos zu umgehen, steckt Pua und mir der Schreck über seine Kaltblütigkeit und Gleichgültigkeit gegenüber neuem Leben tief in den Knochen. Wir sind beide schon lange mit Leib und Seele Hebammen und lieben besonders den Moment, wenn ein Neugeborenes der Welt zum ersten Mal durch einen Schrei mitteilt, dass es jetzt da ist. Darin liegt so viel Kraft. So viel Hoffnung. Und die sollen wir ab sofort bei gesunden, kräftigen Jungen, die das ganze Leben noch vor sich haben, ausschalten? Nicht mit uns!

Schon zwei Tage später werden wir zu einer hochschwangeren jungen Frau gerufen. Sie hat von dem neuen Gebot gehört und will uns erst gar nicht zu sich lassen. Sie kämpft gegen die Geburt an, weil sie Angst davor hat, dass ihr Kind sterben muss. „Ganz ruhig Mädchen. Wenn du einen Sohn kriegst, werden wir ihn leben lassen!", beruhige ich die Frau mit dem schweißnassen Gesicht. Sie lässt sich erleichtert zurücksinken und Pua und ich können unsere Arbeit beginnen. Ein paar Stunden später erblickt ein süßer, winziger Junge das Licht der Welt. Wir geben ihn seiner Mutter. Bevor wir gehen, schärfen wir ihr ein, dass sie ihren Sohn ohne unsere Hilfe auf die Welt gebracht hat. So handeln wir die nächsten Wochen immer wieder. Uns ist klar, dass wir ein riskantes Spiel spielen. Früher oder später wird der Pharao mitkriegen, was wir treiben. Wir wissen nicht, was uns dann erwartet.

Jetzt ist es so weit. Er hat uns vorgeladen. Wieder stehen wir vor ihm. „Wie kann es sein, dass weiterhin gesunde und kräftige hebräische Jungen zur Welt kommen? Ich hatte euch den Befehl erteilt, sie zu töten!", herrscht er uns an. Während ich zu Gott bete, dass er uns hilft und beisteht, antwortet Pua ihm: „Die hebräischen Frauen sind viel kräftiger als die Ägypterinnen. Ehe wir zu ihnen kommen, haben sie ihr Kind schon geboren!" Der Pharao sieht uns beide skeptisch an. Anscheinend hat er selbst wenig Ahnung von Frauen. Er lässt uns diese Ausrede durchgehen. Wir dürfen gehen.

Mit unserer Hilfe kommen auch in den nächsten Monaten viele gesunde Jungen zur Welt. Wir vertrauen darauf, dass Gott es gut mit uns meint und uns, diese Kinder und vor allem unser Volk nicht im Stich lässt!

Mut zahlt sich aus! Die beiden haben sich aus Achtung vor Gott in Lebensgefahr gebracht. Stell dir nur mal vor, was passiert wäre, wenn der Pharao herausgefunden hätte, was sie gemacht haben. Wozu das alles? Schau mal nach, was aus den Jungen geworden ist (zum Beispiel in 2. Mose 2,11).

Wie oft passiert es uns im Alltag, dass wir Angst haben, zu Gott zu stehen, weil wir uns vor der Reaktion der Menschen fürchten? Wie oft bleibt etwas ungetan oder ungesagt? Du weißt es selbst am besten. Du weißt, wann deine Zeit ist, mutig zu sein.

Versuche mal, in der nächsten Woche damit anzufangen, mutig zu sein. Vergiss nicht: Gott ist bei dir, es kann dir nichts Schlimmes passieren (Jesaja 43,1+2)! Am Ende wird alles gut (Römer 8,28). Du kannst dich darauf verlassen, auch wenn das gute Ende und Gott fern scheinen. Schifra und Pua wurden ja auch zum Pharao gerufen und dann ist ihnen nichts passiert.

Jana, 14

....

....

....

....

....

....

....

....

....

....

II. JOCHEBED UND MIRJAM

2. MOSE 2,1-5

Sie hofften und beteten, dass es ein Mädchen werden würde. Der Bauch der Mutter wurde immer dicker, die Aufregung der großen Schwester über das ungeborene Kind nahm zu. Am Tag der Geburt wurde sie aus dem Haus geschickt. Als sie am Abend wieder kam, hatte sie entgegen aller Bitten und Flehen zu Gott einen kleinen Bruder. Fasziniert nahm sie das kleine Wesen auf ihren Arm. „Hallo kleiner Mann", begrüßte sie ihn liebevoll. Ab diesem Zeitpunkt war er ihr ganzer Stolz. Alle in der Familie waren sich einig, dass sie ihn vor den Soldaten des Pharaos schützen mussten. Dieser hatte befohlen, alle hebräischen Jungen, die geboren wurden, in den Nil zu werfen. Das konnten sie nicht zulassen. So versteckten sie den Kleinen im eigenen Haus.

Zu Beginn war das noch gut möglich. Mutter und Tochter teilen sich ihre Zeit so ein, dass immer wenigstens eine von ihnen bei dem kleinen Jungen sein konnte. Eines Tages kam die Mutter nach Hause und beobachtete ihre Tochter dabei, wie diese verzweifelt versuchte, den kleinen Bruder zu beruhigen. Er hatte sich erschrocken und war aufgewacht. Jetzt schrie er aus vollem Hals. „Ruhig, mein Süßer! Die Mama kommt ja gleich. Alles wird gut", flüsterte ihm die Große zärtlich ins Ohr.

In diesem Moment wurde der Mutter klar, dass sie ein gefährliches Spiel spielten. Auf einmal legte sich Angst wie ein schweres Gewicht auf ihre Schultern. Auch wenn sie es nicht wahrhaben wollte – der Junge musste weg. „Es bricht mir das Herz! Wie soll ich das jemals über mich bringen?", dachte sie bei sich. Dann begegnete sie den Blicken ihrer Tochter. Sie hatte den Bruder beruhigt. Er schlief wieder.

Die Tochter begriff, dass die Mutter handeln wollte. Sie setzen sich an den Tisch in der Mitte des Raumes und schmiedeten Pläne. Schließlich bauten sie gemeinsam ein Körbchen aus Schilf. Sie verklebten es mit Harz und Pech. Dann legte die Mutter den schlafenden Jungen hinein. Anschließend nahm sie den Korb und lief zum Fluss. Dort nahm sie unter Tränen Abschied und setzte den kleinen Sohn in seinem Gefährt zwischen das Schilf am Ufer des Nils.

Ihre Tochter beobachtete die herzzerreißende Szene aus einiger Entfernung. Sie hatten beschlossen, den Kleinen im Blick zu halten. Das Körbchen wurde von den seichten Wellen hin und her geschaukelt. Ein paar Mal war sie kurz davor, den kleinen Bruder einfach wieder zu sich zu holen. Doch sie widerstand der Versuchung und blieb, wo sie war.

Nach einiger Zeit kam eine Frau zum Fluss. Ihr folgten weitere Frauen. Sie trugen alle feine Gewänder. Am schönsten gekleidet war die Frau, die zuerst gekommen war. Sie spielten und lachten. Die Tochter verstecke sich tiefer im Schilf. Sie hoffte, dass der Kleine keinen Mucks machen würde. Sie hatte die Frau erkannt. Es war die Tochter des Pharaos. Die würde bestimmt nicht gut mit dem Brüderchen umgehen. Sie würde ihn als Hebräer erkennen, da er, wie alle jüdischen Jungen, an seinem Penis beschnitten war. „Bleib ruhig, kleiner Mann. Schön leise sein", flüsterte sie im Gebüsch. Unter ihren Achseln sammelte sich Schweiß. Auch ihre Stirn wurde nass. Das alles half nichts. Auf einmal schrie der Bruder. Die Köpfe der Frauen flogen herum. Schon hatten sie das Körbchen entdeckt und kamen auf es zu. Allen voran lief die Tochter des Pharaos …

Was denkst du, wie die Geschichte weitergeht? Lass mal deine Fantasie spielen und überlege, welche Dinge als Nächstes passieren. Hier hast du genügend Platz, um deinen Ideen freien Lauf zu lassen.

....

....

....

....

....

....

....

....

....

....

....

....

....

Manchmal tut es gut, sich selbst auszuprobieren, kreativ zu werden, seine Fantasie zu gebrauchen und Pläne zu entwickeln. So wie Mutter und Tochter hier in der Geschichte es tun. Wenn du wissen willst, wie es wirklich weiterging, kannst du 2. Mose 2 ab Vers 6 lesen.

12. ZIPPORA

2. MOSE 2,11-25; 18,1-12

Endlich werden wir uns wiedersehen! Ich weiß nicht genau, wie lange es her ist, dass Mose mich und unsere zwei Söhne hier zurückgelassen hat. Es kommt mir wie eine Ewigkeit vor!

In unseren ersten Ehejahren waren wir so gut wie nie getrennt. Jetzt ist das ganz anders. Mose ist gar nicht mehr zu Hause. Wir vermissen ihn sehr. Unsere Geschichte fing an einem Brunnen in unserer Gegend an. Als meine Schwestern und ich dort wie jeden Tag unsere Herden tränken wollten, tauchte er auf einmal auf. Er sah etwas wild aus, so als ob er schon eine Weile unterwegs gewesen war. Sein Körper war sehnig und muskulös. An seiner Kleidung erkannten wir, dass er aus Ägypten kam. Wie immer Tag drängten uns die Hirten der anderen Herdenbesitzer vom Wasser zurück. Doch heute hatten wir diesen jungen, schönen Mann an unserer Seite. Er half uns, viel Platz für unsere Tiere zu ergattern. So kamen wir früher als sonst nach Hause. Das fiel unserem Vater auf. Er fragte uns, wie das möglich sei? Wir erzählten ihm von dem Mann, der uns geholfen hatte. Er lud ihn gleich zu uns ein. Und so kam eins zum anderen. Wir verliebten uns schnell ineinander. Nach einiger Zeit hielt Mose um meine Hand bei meinem Vater an. Es folgte eine wunderschöne Hochzeit und noch schönere Ehejahre. Wir beschäftigten uns nicht mit der Vergangenheit, genossen die gemeinsame Gegenwart und malten uns unsere Zukunft aus.

Bis Moses Vergangenheit ihn einholte. Ich kann bis heute nicht ganz nachvollziehen, wie alles so gekommen ist. Eines Tages kam er nach Hause und erzählte mir von einem Auftrag, den er von seinem Gott gerade bekommen hatte. Er sollte sein Volk, das in Ägypten unterdrückt war, dort herausholen. Ich schaute ihn entgeistert an. Viel mehr konnte er mir aber auch nicht sagen. In dieser Nacht schlief ich schlecht. Am nächsten Morgen sagte ich zu ihm, dass er bleiben solle. „Zippora, ich liebe dich. Trotzdem muss und werde ich gehen!", war seine Antwort. Er küsste mich und nahm unsere Jungs ein letztes Mal in den Arm. Dann ging er auf unbestimmte Zeit fort. Wir hörten lange nichts von ihm. Meine Zeit ohne ihn war zwar gut gefüllt und trotzdem einsam. Ich vermisste ihn jeden Tag.

Vor ein paar Tagen hatte uns die Nachricht ereilt, dass Mose es geschafft hatte: Sein Volk befand sich jetzt außerhalb von Ägypten in der Wüste. Mein Vater und ich beschlossen, ihn zu besuchen.

Jetzt sind wir also auf dem Weg zu ihm. Ich bin so gespannt, wie unser Wiedersehen wird. Ich hoffe sehr, dass er mit uns nach Hause kommt. Langsam reicht es mir, mich nach ihm zu sehnen und alleine zu sein! „Mama, schau!", ruft einer meiner Söhne mir von seinem Kamel aus zu. Er deutet auf unzählige Menschen, die an einem Berg lagern. Das müssen sie sein! „Dein Schwiegervater Jitro ist zusammen mit deiner Frau und deinen Söhne gekommen!", lässt mein Vater Mose durch einen Mann ausrichten. Mein Atem geht schneller. Die Jungs sind auch aufgeregt. Als die beiden ihren Vater entdecken, stürmen sie los. Er fängt sie auf und wirbelt sie im Kreis herum. Dann blicken wir uns an. Ich bemerke, wie die Verantwortung, die auf seinen Schultern lastet, Spuren in seinem Gesicht hinterlassen hat. Er kommt auf mich zu. „Hallo Liebste", sagt er und berührt zärtlich meine Wange. Ich drücke mich an ihn. Wir küssen uns. Tränen schießen in meine Augen. Ich spüre, dass sein Auftrag noch nicht zu Ende ist. Ich werde weiterhin alleine sein. Das tut weh. Wir werden noch ein paar Tagen zusammen haben. Und dann heißt es wieder Abschied nehmen. Warten. Aushalten. Ich weiß nicht, wie und ob ich das schaffen werde.

Sie ist zwar verheiratet und doch allein. Sie lebt in ihrer Familie, umgeben von Menschen und vermisst trotzdem diesen einen, der sie auf unbestimmte Zeit verlassen hat. Sie hat mit der Erziehung ihrer Kinder eine Aufgabe und ist trotzdem manchmal unglücklich. Etwas fehlt ihr.

Einsamkeit. Sich alleine oder im Stich gelassen fühlen. Sich nach etwas sehnen, das man im Augenblick nicht haben kann. Das ist für viele Menschen ein Teil ihres Alltags. Es ist anstrengend. Manchmal ist es wahrscheinlich kaum auszuhalten. Was kann man in solchen Momenten machen?

→ Sich unter die Bettdecke verkriechen
→ Jemanden anrufen und erzählen
→ Tagebuch schreiben
→ Einen Brief an die vermisste(n) Person(en) verfassen
→ Weinen

Und mit Gott rechnen und mit ihm reden. Er ist in solchen Momenten, in denen du dich einsam fühlst oder jemanden vermisst, ganz nah bei dir. Er spricht dir zu: „Ich lasse dich nicht im Stich. Nie wende ich mich von dir ab!" Josua 1,5b

Ich wünsche dir, dass du die Erfahrung machst, dass dieser Vers wahr ist.

....

....

....

....

....

....

....

....

....

....

....

....

....

....

....

....

....

....

....

....

....

....

....

....

....

....

....

13. MIRJAM

2. MOSE (14,1-30) 15,20+21

Ich hatte, ehrlich gesagt, schon befürchtet, dass unsere Flucht vorbei ist, bevor sie richtig angefangen hat.

Zuerst sah alles ganz gut aus: Unser Volk durfte gehen, ohne dass uns jemand zurückgehalten hat. Doch schon nach einigen Stunden sind unsere Feinde und Peiniger, die Ägypter, uns nachgejagt. Vor uns lag zu diesem Zeitpunkt ein unüberwindbares Meer. Wir saßen in der Falle. Viele Leute haben große Angst bekommen. „Wie konnten wir Ägypten nur verlassen?" und „Was werden sie jetzt mit uns machen?" riefen sie einander zu. Als fast eine Panik ausbrach, geschah das Wunder! Mein Bruder Mose, unser Anführer, konnte durch Gottes Hilfe das Meer vor uns teilen. So entstand eine Gasse, durch die wir laufen konnten. Halleluja!

Seit der Teilung sind mehrere Stunden vergangen. Jetzt haben wir es fast geschafft – auch die letzten Männern, Frauen und Kinder befinden sich in dem Durchgang. Ich beaufsichtige den Eingang und helfe Menschen, sich in Gruppen einzuteilen um dann gemeinsam den Weg durchs Wasser zu wagen. Hinter uns sehe ich die Ägypter mit ihren Streitwagen immer näher kommen und frage mich, wie das Ganze wohl ausgehen wird. „Mirjam, komm!", ruft Mose mir zu. Als eine der Letzten mache ich mich auf den Weg. Obwohl ich mich im Meer befinde, bekomme ich keine nassen Füße. Das Wasser steht an beiden Seiten wie eine hohe Mauer und ich kann Fische darin erkennen. Während wir ans andere Ufer eilen, können wir unsere Verfolger hören. Als ich einen Blick zurückwerfe, kann ich sehen, wie auch sie den Durchgang durchs Meer nehmen. Ich stoße meinen zweiten Bruder Aaron an und mache ihn darauf aufmerksam. Sorgenvoll blickt auch er jetzt ständig nach hinten. Was wird passieren?

Dann haben wir es endlich geschafft. Alle sind durchs Meer ans andere Ufer gekommen. Ich ringe nach Luft und beobachte gebannt, wie die Ägypter näher kommen. Schon wieder bekommen Leute Panik. Doch auf einmal scheinen die Wagen der Ägypter nicht mehr richtig zu funktionieren. Obwohl sie ihre Pferde antreiben und peitschen, kommen sie nicht mehr schnell vorwärts. Ein paar Momente später passiert das Unfassbare: Das Wasser, das gerade noch eine Gasse gebildet hat, kehrt zurück. Innerhalb kürzester Zeit sind die Ägypter nicht mehr zu sehen. Unser Feind ist von Gott besiegt worden. Wir sind alle gerettet.

Noch herrscht Stille. Alle müssen erst mal begreifen, welcher Gefahr wir gerade entkommen sind. Doch dann fängt es an, in meinen Fingern zu kribbeln. Zum Glück steht der Wagen mit dem Gepäck ganz in meiner Nähe. Ich laufe zu ihm und nehme mir meine Handpauke. Ich beginne ausgelassen und fröhlich zu tanzen und zu singen. Die Melodie und die Worte platzen aus mir heraus. Immer mehr Frauen schließen sich mir an. Wir tanzen zuerst alle hintereinander weg, dann bilden wir einen großen Kreis. Kleine Mädchen, junge und alte Frauen singen gemeinsam Gott zur Ehre. Inzwischen habe ich mein selbst erfundenes Lied so oft wiederholt, dass alle mitsingen können. „Singt, singt dem Herrn, denn er ist groß und mächtig! Er hat Pferd und Mann ins Meer geworfen!"

Als Mirjam Gott erlebt und spürt, kann sie sich nicht zurückhalten. Sie singt und spielt ihm zur Ehre und betet ihn an. Sie ist ihm dankbar, dass er sie geführt und nicht alleine gelassen hat.

Dieser Text macht Lust, selbst Musik für Gott zu machen! Auf YouTube und in Liederbüchern findest du tolle Lieder (eins meiner Lieblingslieder ist „Hosanna in the highest"). Vielleicht fallen dir ja sogar selbst Melodien und Texte ein, in denen du verarbeitest, was du in der letzten Zeit mit Gott erlebt hast. Du bist eingeladen, deinem Gott für das, was er in deinem Leben tut, mit Liedern die Ehre zu geben! Komm, bete den König an.

....

....

....

....

....

....

....

....

....

....

....

....

14. RAHAB

JOSUA 2

Die Stadt Jericho, in der ich in einem kleinen Haus direkt in der Stadtmauer wohne, fürchtet sich.

Viele Menschen verkriechen sich in ihren Häusern. Wenn Leute aus dem Haus müssen, bewegen sie sich nur noch in Gruppen. An jeder Straßenecke kursieren wilde Gerüchte: „Gott hat unser Land und Jericho schon in ihre Hand gegeben. Sie werden uns angreifen und vernichten!" – „Wir sind verloren. Die Israeliten werden uns besiegen und unser Land für sich nehmen!" Ich glaube nicht jedes Wort von dem, was die Leute reden. Aber ich habe selbst davon gehört, dass das Volk Israel aus Ägypten geflohen ist und jetzt eine neue Heimat sucht. Jemand hat mir erzählt, dass ihr Gott es ihnen vor Kurzem möglich gemacht hat, mitten durchs Meer zu gehen. Ihre ägyptischen Feinde sind bei dem Versuch, ihnen zu folgen, im Wasser ertrunken. Wenn ein Volk einen so starken Gott hat, kann man schon Angst bekommen, oder?

Jeden Tag nimmt die Anspannung in der Stadt zu. Alle rechnen mit einem baldigen Angriff der Israeliten. Keiner kann sagen, wann es so weit sein wird. Auch ich bin nervös. Jeden Abend verriegele ich meine Fenster und Türen gut. Trotzdem kann ich nicht ruhig schlafen. Auch heute liege ich im Bett und wälze mich hin und her. Auf einmal reißt mich ein scharfes Klopfen aus meinen Gedanken. Ich fahre in meinem Bett hoch. Hat mir meine Angst einen Streich gespielt? Nein, es klopft noch mal. Ich springe aus dem Bett und öffne leise den Fensterladen. Als ich nach unten blicke, entdecke ich zwei Gestalten, die sich an meine Hauswand drücken. Was wollen die hier? Wer sind sie? Ich bin unentschlossen. Soll ich die Tür wirklich aufmachen?

Ich stehe gefühlte fünf Minuten erstarrt am Fenster. Schließlich nehme ich all meinen Mut zusammen und wage es. Als ich die Tür öffne, eilen zwei Männer in mein Haus. Ich erkenne sofort, dass sie zu den Israeliten gehören. „Bitte bring uns hier unter!", sagen sie zu mir. Schnell verstecke ich sie unter dem Stroh auf meinem Dach. Als ich wieder im Bett liege, kommt mir ein Plan in den Kopf. Ich kann es ab diesem Zeitpunkt kaum erwarten, dass es hell wird. Das nächste wilde Klopfen ertönt früh am nächsten Morgen. Als ich öffne, stehen Soldaten unseres Königs vor der Tür: „Wir haben die Information, dass sich bei dir Spione verstecken. Rück sie raus!" – „Wenn ihr die zwei Männer meint, die gestern Abend hier waren, muss ich euch enttäuschen. Die sind schon wieder aus der Stadt gegangen. Wenn ihr euch beeilt, erwischt ihr sie bestimmt noch!", lüge ich sie an. Sie glauben mir und laufen in Richtung Stadttor. Puh, das ist gerade noch mal gut gegangen.

Im Anschluss eile ich aufs Dach, um mit den Männern zu sprechen. „Ich weiß, dass unsere Stadt in eure Hand gegeben ist. Ich habe mich fair euch gegenüber verhalten. Ich möchte, dass ihr dasselbe für mich und meine Familie tut, wenn ihr uns angreift!", sage ich zu ihnen. Sie geben mir ihr Wort. Um sie ungesehen aus der Stadt zu bringen, werfen wir ein Seil aus einem Fenster, das in der Stadtmauer liegt. Flink klettern die beiden daran herunter. Als sie unten angekommen sind, rufe ich ihnen zu: „Versteckt euch erst mal in den Bergen, dann werden sie euch nicht finden!" – „Das werden wir tun. Eine Sache ist noch wichtig: Lass dieses rote Seil in deinem Fenster hängen! So wissen wir, welches Haus wir verschonen sollen. Zum Zeitpunkt des Angriffs muss deine ganze Familie bei dir sein, sonst können wir nicht dafür garantieren, dass wir sie nicht töten. Wenn du uns verrätst, dann platzt unsere Abmachung!" Ich nicke. Mit dieser Bedingung hatte ich gerechnet. Ich schaue den beiden nach, wie sie sich davonschleichen. Das rote Seil werde ich ab sofort immer im Fenster haben. Ich bin jetzt schon ganz aufgeregt. Wann wird der Angriff kommen?

Rahab ist in dieser Geschichte vor allem eins: mutig. Sie traut sich, die Tür zu öffnen und Feinde in ihr Haus zu lassen. Sie verteidigt die Männer gegenüber den Wachen. Sie verhandelt für die Menschen, die sie liebt. Es gibt sogar ein äußeres Zeichen für ihren Mut: Das rote Seil, das aus ihrem Fenster hängt. Sie steht zu dem, was sie getan hat.

Ich wünsche dir und mir, dass wir auch mutig für das einstehen, was uns wichtig ist. Wir dürfen uns trauen unseren Mund aufzumachen! Für was willst du dich in den kommenden Tagen einsetzen und Mut aufbringen? Was könnte ein rotes Seil, also ein sichtbares Zeichen für deinen Mut sein?

Übrigens: Wenn du wissen willst, wie die Geschichte weitergeht, dann lies Josua 6.

....

....

....

....

....

....

....

....

....

....

....

15. DEBORA

RICHTER 4

„Lappidot, ich mache mich auf den Weg zur Palme", informiere ich meinen Mann. „Alles klar, Debora. Wenn etwas ist, weiß ich ja, wo ich dich finden kann."

Als ich mich zu Fuß auf den Weg zu meinem Sitz unter der Palme zwischen den Dörfern Rama und Bethel mache, denke ich zum tausendsten Mal darüber nach, wie Lappidot es findet, mit einer Richterin/Prophetin Gottes verheiratet zu sein. Sicher, er ist schon stolz auf mich. Die Leute vertrauen mir. Ich versuche jeden Tag aufs Neue, meinen Job gut zu machen. Das weiß mein Mann und freut sich darüber. Trotzdem werde ich den Eindruck nicht los, dass er manchmal mit sich selbst kämpft. Ob er unzufrieden oder eifersüchtig ist? Hätte ich ihn besser auf manche Sachen vorbereiten sollen? Ich nehme mir vor, ihn bald darauf anzusprechen. Erst mal werde ich nämlich nicht so schnell nach Hause kommen …

Seit Jahren wird unser Volk, die Israeliten, von dem König Jabin unterdrückt. Weil er eine große Streitmacht hat, haben wir es bisher nicht gewagt, gegen ihn zu kämpfen. Als ich heute zu meiner Palme komme, brauche ich nicht lange auf jemanden zu warten, der meine Hilfe braucht. Sie kommen in einer großen Gruppe und schütten mir ihr Herz aus: „Debora, es ist nicht zum Aushalten!" – „Wir waren Gott zwar nicht gehorsam, aber haben wir wirklich eine so harte und lange Strafe verdient?" – „Kannst du nicht mit Gott reden und ihn umstimmen?" Seit Monaten höre ich mir ihre Bitten und ihr Flehen an. Heute muss ich sie nicht mehr vertrösten. Gott hat mir zugesagt, einen Feldzug gegen unsere Feinde gut enden zu lassen. Als ich ihnen das sage, sind alle völlig aus dem Häuschen. Ich sage zu einem, dass er Barak holen soll. Er wird den Kriegszug anführen und auch gewinnen.
Als Barak zu mir kommt, sage ich zu ihm: „Gott gebietet dir, diesen Feldzug zu führen. Es wird dir gelingen!" Er antwortet mir: „Du sollst mitkommen, sonst gehe ich auch nicht." So ein hartnäckiger Junge. „Also gut, ich werde mitkommen. Eine Sache will ich dir noch sagen: Nicht du, sondern eine Frau wird am Ende dieses Feldzuges die gefeierte Heldin sein!" Er schaut mich fragend an. Mehr werde ich ihm aber im Augenblick nicht verraten. Dir kann ich aber auch schon im Voraus erzählen, was passieren wird: Barak und seine Männer werden das gesamte Heer des Königs Jabin vernichten. Sie werden alle sterben bis auf den Feldhauptmann Sisera. Der wird vom Schlachtfeld entkommen und zu Fuß wegrennen. Auf seiner Flucht wird er bei Jael im Zelt Unterschlupf suchen. Weil sie ihn gut versorgen wird, wird er ihr vertrauen und dort einschlafen. Diese Chance wird Jael nutzen und ihn töten. Barak und seine Männer werden Sisera tot finden. Ich bin jetzt schon gespannt auf ihre Gesichter.
Jetzt geht es erst einmal auf in die Schlacht. Wenn ich nicht sicher wüsste, dass Gott mit uns und für uns kämpft, hätte ich Angst. So aber kann ich die Männer mit viel Zuversicht begleiten und ihnen Mut machen. Gott sei Dank!

Frauen wie Debora, du und ich sind Gott viel wert. Wir sind die Krönung seiner Schöpfung und er hat viel von sich in uns hineingelegt. Ich wünsche dir, dass du dein Potenzial erkennst und es wie Debora für Gott und diese Welt einsetzt.

Mädchen, lass dich aus der Ruhe bringen! Mach dich auf. Suche nach Wegen und Möglichkeiten, dich einzubringen. Gib keine Ruhe, bevor du nicht einen Weg gefunden hast, wie dein Beitrag aussehen könnte für eine bessere Welt. Lass nicht nach. Misch dich ein, dass der göttliche Funke überspringt und weiterlebt!

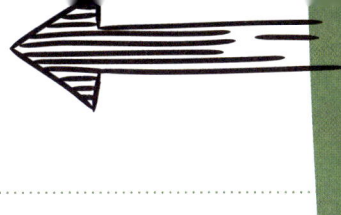

16. RUTH

RUTH 1

Seit Tagen sind wir relativ schweigsam unterwegs.
Jede hängt ihren Gedanken nach. Wenn wir nicht gerade schlafen oder essen, laufen wir in Richtung Betlehem in Juda, der Heimat unserer Schwiegermutter Noomi. Verstohlen blicke ich sie von der Seite an. Das Unglück der letzten Jahre ist nicht spurlos an ihr vorübergegangen. Seit ich sie kenne, hat sie einige graue Haare und Falten mehr bekommen. Zuerst ist eine Hungersnot in ihrer Heimat ausgebrochen. Deshalb ist Noomi mit ihrem Mann und den Söhnen Machlon und Kiljon in meine Heimat Moab ausgewandert. Dann ist ihr geliebter Mann in der Fremde gestorben. Das hat die Familie zutiefst getroffen. In dieser Phase der Trauer habe ich einen ihrer Söhne kennen- und lieben gelernt. Auch Orpa, meine Schwägerin, ist in dieser Zeit zur Familie gekommen. Wir haben alle nah beieinandergewohnt. Eine Weile sah es wirklich danach aus, als könnte alles gut werden. Der plötzliche Tod von Orpas Mann war ein Schock für uns alle. Niemand hat damit gerechnet. Wir taten unser Bestes um sie zu trösten. Immer

dann, wenn Orpa schlief, hielt ich Noomi im Arm. Sie drohte an dem Tod des Sohnes zu zerbrechen. Als wenn das noch nicht genug gewesen wäre, brach das nächste Unglück über uns, vor allem über mich, herein: Auch mein Mann Machlon starb. Sein Tod hat mir das Herz gebrochen. Es tat unbeschreiblich weh, ihn zu verlieren. Ich konnte und wollte das lange nicht akzeptieren. Viele Wochen erlebten wir wie in Trance. Wir weinten, klagten, schwiegen, schrien. Das Gefühl der Verzweiflung verbindet uns bis jetzt ganz tief. Wir sind alle viel zu früh Witwen geworden! In die gedämpfte Stimmung hinein kam die Nachricht, dass es wieder genügend Nahrung in Noomis Heimat gab. Sie beschloss, nach Hause zu gehen. Orpa und ich gingen wie selbstverständlich mit auf die Reise.

So kommt es, dass wir jetzt unterwegs sind. An diesem Morgen liegt eine kaum greifbare Spannung in der Luft. Endlich meldet sich Noomi zu Wort: „Geht wieder zurück Mädchen! Der Herr soll euch Liebe und ein neues Zuhause an der Seite eines zweiten Mannes geben!" Bei diesen Worten fangen Orpa und ich an zu weinen. Wir haben beide geahnt, dass dieser Moment kommen würde. Wir sind uns einig, dass wir bei Noomi bleiben wollen: „Nein, wir wollen mit dir gehen!", sagen wir zu ihr.

Mit einleuchtenden Worten macht Noomi deutlich, dass sie nicht viel von unserer Idee hält. Ihre Ansprache macht mich entschlossener denn je, bei ihr zu bleiben. Orpa überlegt es sich anders. Sie verabschiedet sich und geht zurück. Das werde ich aber nicht tun! Ich bleibe bei meiner Noomi. „Ruth, geh doch mit Orpa nach Hause", versucht Noomi es noch mal. Ich muss ihr jetzt ein für alle Mal klarmachen, dass ich bleibe. „Bestehe nicht darauf, dass ich dich verlasse! Ich will mich nicht von dir trennen. Wo du hingehst, da will ich auch hingehen. Wo du bleibst, da bleibe ich auch. Dein Volk ist mein Volk und dein Gott ist mein Gott. Wo du stirbst, werde ich auch sterben und begraben werden. Nur der Tod kann mich von dir trennen, wenn ich dieses Versprechen nicht halte, soll Gott mich hart bestrafen!" Atemlos beende ich meine flammende Rede. Noomi sieht mich an. Endlich akzeptiert sie meinen Wunsch, an ihrer Seite zu bleiben. Gemeinsam setzen wir unsere Reise nach Betlehem fort. Noomi meint, dass wir zur Zeit der Gerstenernte da sein werden. Sie liebt ihre Heimat und ich freue mich darauf, zu entdecken, was diese Liebe ausgelöst hat.

In dieser Familie läuft vieles nicht so wie erhofft. Alle Männer sterben nacheinander. Das ist für die Frauen ein harter Schlag. Der Verlust ihrer Männer verbindet sie aber auch. Er lässt sie ganz eng zusammenrücken. Keine lässt die anderen im Stich. Orpa macht hier meines Erachtens keinen Fehler, als sie zurück in ihre Heimat geht. Sie befolgt den Wunsch ihrer Schwiegermutter und startet in ein neues Leben. Trotz des Wunsches von Noomi entscheidet Ruth sich anders: Sie lässt Noomi nicht allein. Sie bleibt ihr treu. Sie geht weiter mit ihr mit. Wie findest du die Entscheidung von Ruth? Was bedeutet es für dich, jemandem treu zu sein? Wie lebst und erlebst du Treue in deinem Alltag?

Treue ist eines der schönsten Dinge, die wir Menschen entgegenbringen können. Sie erhält Freundschaften und stärkt Beziehungen und Ehen. Treue ist eine der wunderbarsten Eigenschaften von Gott, die er uns entgegenbringt. Auf ihn können wir immer zählen. Er wird uns nicht verlassen!

....

....

....

....

....

....

....

....

....

....

17. NOOMI

RUTH 1-4

Mein Enkel Obed sitzt auf meinem Schoß und greift nach meinem Kopftuch. Ich betrachte das kleine Wesen liebevoll. Er lächelt mich an und seine ersten Zähne werden sichtbar. Mein Herz macht vor Freude einen Sprung.

Wenn mir jemand vor ein paar Jahren gesagt hätte, dass ich in meinem Leben noch einmal so glücklich sein werde, hätte ich das nicht geglaubt. Nachdem meine Familie und ich wegen einer Hungersnot aus unserem Heimatland geflohen sind, ist zuerst mein Mann gestorben. An diesem Tag glaubte ich, dass mir mein Herz in meiner Brust zerspringen würde. Mit ihm ist der wichtigste Mensch in meinem Leben verschwunden. Ich war untröstlich. Meine tollen Schwiegertöchter haben mich permanent umsorgt, doch nichts konnte mich aufheitern.

Als dann auch noch meine beiden Söhne gestorben sind, wollte ich selbst nicht mehr leben. Ich habe die Welt und vor allem Gott nicht mehr verstanden. Ich habe mich gefragt: Wieso lässt er das zu? Warum ausgerechnet meine Männer? Wie soll ich ohne sie weitermachen?

Auf meine drängenden Fragen habe ich ehrlich gesagt keine ausführliche Antwort bekommen. Was Gott mir in dieser Zeit geschenkt hat, waren Menschen, die für mich da waren, und vor allem die Gewissheit, dass er mich nicht verlässt. Nach einiger Zeit der Trauer kam die Nachricht, dass es in meiner Heimat wieder ausreichend Nahrung gibt. Als ich das hörte, fing mein Herz schnell an zu pochen. Ich war ganz aufgeregt. Seit Jahren sehnte ich mich nach meiner Heimat. Ich wollte sehr gerne dorthin zurück. Aber wie würde es dort ohne meine geliebten Männer werden? Meine Schwiegertöchter begleiteten mich auf dem Weg nach Hause. Ich wollte sie nicht aufhalten und schickte sie deshalb zurück. Aber eine der beiden, meine geliebte Ruth, hat nicht locker gelassen. Sie ist mit mir mitgekommen.

Viele meiner früheren Freundinnen waren auch wieder da. Sie weinten mit mir um meine Männer und wichen nicht von meiner Seite. Ruth sorgte für unser Überleben. Ich war und bin ihr sehr dankbar, dass sie sich so gut gekümmert hat. Unser Leben als Witwen hätte auch viel schlechter aussehen können. Ich half Ruth durch gute Tipps, an Reste der Getreideernte zu kommen. Durch ihre Arbeit auf dem Feld lernte sie Boas, einen entfernten Verwandten von mir, kennen. Er verliebte sich in sie und schließlich heirateten die beiden. Schon an diesem Tag konnte ich kaum aufhören zu lächeln. Dass ich noch einmal so ein Liebesglück erleben durfte, hat mich sehr froh gemacht.

Als die beiden mich dann vor ein paar Monaten zur Oma gemacht haben, war meine Freude riesengroß. Sie breitet sich Tag für Tag ein bisschen mehr in mir aus. Es fühlt sich warm und schön an, Teil einer neuen Familie zu sein, nachdem ich meine alte auf eine so schmerzhafte Weise verloren habe.

Die Leidenssituation hat Noomi sehr geprägt. Sie ist fast an dem Un-glück, das sie getroffen hat, zerbrochen. Doch Gott hat das nicht zu-gelassen. Er hat sie nicht allein gelassen. Genau das tut er auch bei dir nicht. Ich wünsche dir von Herzen, dass du diese Erfahrung selbst machst.

....

....

....

....

....

....

....

....

....

....

....

....

....

....

....

18. HANNA

1. SAMUEL 1, 1-20

**Wenn ich an Silo denke,
zieht sich mein Magen zusammen.**

Es ist jedes Jahr das Gleiche. Mein Mann Elkana geht
mit mir von Rama nach Silo, um Gott dort im Tempel
anzubeten und ihm Opfer zu bringen. Diese Tage wären für mich eigentlich ideal, um mal ein bisschen
Ruhe zu haben. Doch leider nimmt Elkana auch seine
zweite Frau Peninna mit ihren ganzen Kindern mit. Die
zeigen mir in jeder Minute schmerzlich auf, dass ich
selbst keine Kinder kriegen kann. Noch schlimmer ist
aber, dass Peninna mich deshalb permanent kränkt
und reizt: „Na, schon doof, keine Kinder zu haben,
oder?" – „Wirst sehen, irgendwann wird Elkana dich
verstoßen. Du Versagerin!" Nicht mal in Silo hört sie
auf, mich zu mobben. Selbst Elkana, der mich sehr
liebt, kann die Situation nicht retten. Der ganze Aus-
flug ist verdorben und mir geht es tagelang schlecht.

Du kannst dir also vorstellen, dass ich nicht besonders motiviert bin, als wir dieses Jahr nach Silo aufbrechen. Ich versuche, mir auf der Hinreise einzureden, dass ich stark bin und Peninnas Worte ignorieren kann. Beim gemeinsamen Essen reicht Elkana mir dann wie jedes Jahr ein besonders schönes Stück Fleisch. Als Peninna das sieht, beginnt sie, mich zu beleidigen. „Du Biest, du hast das doch gar nicht verdient! Ich bin viel wertvoller als du, weil ich Elkana viele Kinder geboren habe!" Minutenlang geht das so. Irgendwann kann ich meine Tränen nicht mehr zurückhalten. Ich versuche, mein Gesicht zu verbergen. Diesen Triumph will ich Peninna nicht gönnen. Weil ich keinen Bissen mehr runterkriege, schiebe ich meinen Teller weg. Elkana sieht das und sagt zu mir: „Hanna, wieso weinst du? Warum willst du nichts mehr essen? Wieso ist dein Herz so traurig? Bin ich dir nicht mehr wert als zehn Söhne?" Ich weiß, dass er jedes Wort ernst meint und mich gerne trösten will. Trotzdem geben mir seine Fragen den Rest. Ich springe auf und verlasse den Raum.

Ich gehe zum Tempel. Dort rede ich in meinem Herzen mit Gott. Dabei formen meine Lippen lautlos meine Worte: „Herr, ich kann das nicht mehr ertragen. Wieso ist Peninna so gemein zu mir? Warum habe ich keine Kinder? Ich fühle mich so wertlos und allein gelassen!" Ich weine mir meinen Schmerz von der Seele. Langsam werde ich wieder zuversichtlicher und treffe eine Vereinbarung mit ihm: „Herr, du siehst, dass es mir nicht gut geht. Bitt hilf mir! Vergiss mich nicht und schenke mir einen Sohn. Ich verspreche dir, dass er dir sein ganzes Leben lang gehören soll!"

Auf einmal höre ich eine Stimme. „Wie lange willst du dich noch so aufführen? Schlaf erst mal deinen Rausch aus!", blafft der Priester Eli mich an. „Aber ich bin gar nicht betrunken. Ich bin unglücklich und habe dem Herrn mein Herz ausgeschüttet. Ich bin ganz verzweifelt, deshalb habe ich hier so lange gebetet", erkläre ich ihm. Eli nickt und sagt zu mir: „Geh in Frieden, der Herr wird deine Bitte erhören." Seine Worte machen mir Hoffnung. Ich gehe zurück zu meiner Familie und weil ich auf einmal Hunger habe, esse ich die Reste des Festessens auf. Am nächsten Morgen geht es zurück nach Rama. Ich bin mir sicher, dass ich bald schwanger sein werde. Unseren Sohn werde ich Samuel nennen, weil ich ihn „vom Herrn erbeten habe". Wenn er alt genug ist, werde ich ihn Gott geben. Er wird bei Eli im Tempel aufwachsen.

Hanna ist absolut verzweifelt, weil sie keine Kinder bekommen kann, und wird deshalb auch noch blöd von der anderen Frau ihres Mannes angemacht. Irgendwann ist sie so deprimiert, dass sie wegläuft und in den Tempel geht, um zu beten. Was ich daran bewundernswert finde, ist, dass sie sofort mit all ihrer Wut zu Gott kommt und betet. Sie könnte ja auch einfach weggehen und heulen und sauer sein, aber das macht sie nicht. Wie handle ich denn selber, wenn es mir richtig dreckig geht? Ist mein erster Schritt, wie der von Hanna, dass ich mit meinen Gefühlen zu Gott komme? Das ist häufig ganz schön schwer, wenn man erst mal so richtig am Boden ist, jedoch ist es der einzig richtige Weg, weil wir dadurch wirklich etwas erreichen können. Das sieht man auch sehr gut an der Geschichte. Hanna fleht Gott an, ihr einen Sohn zu schenken, und kurze Zeit später wird sie schwanger. Und das ist ja mal echt ein Wunder! Nur weil das schon einige Jahre her ist, heißt das nicht, dass so etwas heute nicht mehr möglich wäre. Gott ist immer noch derselbe und kann in deinem und meinem Leben Wunder tun.

Aber noch etwas ist mir an der Geschichte aufgefallen ... Elkana liebt Hanna sehr, obwohl sie keine Kinder bekommen hat. Er liebt sie einfach so, wie sie ist. Da frage ich mich: Kann ich andere so annehmen, wie sie sind? Oder achte ich darauf, was der andere alles hat und mag ihn deshalb mehr oder weniger? Gott nimmt uns auch einfach so wie wir sind an und liebt uns. Ihm ist egal, was wir alles haben oder nicht haben. Das sollten wir uns immer wieder verdeutlichen und versuchen, selbst unser Leben mehr danach zu richten.

Laura, 15

....

....

....

....

....

....

19. MICHAL

1. SAMUEL 19,8-17

Meine geliebte Michal,

ich schreibe dir diese Zeilen an einem Ort, den ich dir aus Sicherheitsgründen nicht verraten kann. Dein Vater wird keine Ruhe geben, bis er oder jemand anderes mich getötet hat. Deshalb muss ich mich verstecken und kann nicht zu dir zurückkommen. Das fällt mir sehr schwer, denn ich vermisse dich! Wie geht es dir, mein Schatz? Kommst du weiterhin mit deinem Vater aus oder kann er dich jetzt auch nicht mehr leiden? Michal, ich kann dir gar nicht sagen, wie dankbar ich bin, dass du mir neulich in der Nacht so zur Seite gestanden hast. Du weißt, dass dein Vater ein paar Stunden davor auf mich losgegangen ist. Ich habe ihm etwas auf meiner Harfe vorgespielt und dazu gesungen. Plötzlich hat er einen Spieß von der Wand gerissen und wollte mich damit an die Wand spießen.

Zum Glück konnte ich rechtzeitig ausweichen. Dein Vater war wie von Sinnen. Er tobte und schrie. Als ich meinen ersten Schreck verdaut habe, bin ich, so schnell ich konnte, zu unserem Haus gerannt. Du warst da und hast mich in den Arm genommen. Du hast mich beruhigt, bis ich etwas dösen konnte. Als ich wieder wach wurde, hast du mir erzählt, dass die Wachen deines Vaters unser Haus umstellten. Du hattest große Angst um mich, das konnte ich an der Sorgenfalte zwischen deinen Augenbrauen sehen. Mit deiner Hilfe konnte ich durch ein Fenster entkommen. Glaub mir, es fiel mir schwer, dich zurückzulassen. Zu gerne wüsste ich, wie es dir weiter erging. Wie hast du es nur geschafft, dass mir keiner gefolgt ist? Du bist eine kluge Frau und ich bewundere deinen Mut. Danke, dass du zu mir gehalten hast. Dank dir kann ich leben. Ich wünsche mir, dass wir bald wieder zusammen sein können. Bitte melde dich bald und pass auf dich auf! Ich liebe dich!
Dein David

Lieber David,

danke für deinen Brief. Ich habe nicht viel Zeit, dir zu antworten, ehe dein Bote wieder zurück muss. Deshalb beantworte ich deine Fragen nur kurz. Es geht mir gut. Du fehlst mir sehr. Mein Vater ist zwar beleidigt mit mir, aber der kriegt sich schon wieder ein. Nachdem ich dir aus dem Fenster geholfen habe, habe ich eine Puppe in dein Bett gelegt. Ich habe sie so gekleidet wie dich und sie zugedeckt. Als die Soldaten meines Vaters kamen, habe ich ihnen gesagt, dass du krank bist. Mein Vater forderte daraufhin, dass sie dich in deinem Bett zu ihm bringen sollten. Er ist wirklich verrückt. Du hättest sein Gesicht sehen sollen, als er bemerkt hat, dass nicht du, sondern eine Puppe in dem Bett lag. Getobt hat er. Und er hat mir große Vorwürfe gemacht. Aber von mir erfährt er nichts. Ich habe ihn angelogen und gesagt, dass du mich bedroht hast. Deshalb musste ich dich in der Nacht gehen lassen. David, ich denke an dich. Bitte lass bald wieder von dir hören und komm so schnell du kannst wieder zu mir zurück.
Deine Michal

David bedankt sich bei seiner Frau Michal für ihre Hilfe. Die ist wirklich mutig! Sie weiß, dass David ihrem Vater nichts getan hat, und deshalb hält sie zu ihm. Sie ist für ihn da, sogar in einer lebensbedrohlichen Situation.

Überlege doch mal: Für wen kannst du diese Woche ganz besonders da sein? Womit kannst du den Menschen in deinem Umfeld eine Hilfe sein?

....

....

....

....

....

....

....

....

....

....

....

....

....

20. KEZIA

1. KÖNIGE 17,8-16

Ich öffne meine Augen. Es ist schon taghell in unserer Hütte.
Wie jeden Morgen in dieser Woche bin ich auch heute sofort hellwach. Ich springe von meinem Lager auf und eile hinüber zu unserer Kochstelle. Gespannt hebe ich den Deckel meines Mehltopfes hoch und schaue erwartungsvoll hinein. Tatsächlich: Es ist wieder ausreichend Mehl für eine Tagesportion Brot darin. Als mein Blick zum Ölkrug wandert, fange ich an zu lächeln. Auch darin ist, wie Elia es vorausgesagt hat, genügend Flüssigkeit für ein Brot enthalten. Ich setze mich, schließe nochmals meine Augen und genieße diesen Augenblick. Ich spüre ein tiefes Vertrauen in mir, das jeden Morgen wächst.

Meine Gedanken wandern ein paar Tage zurück. Es schmerzt mich, an diese Zeit zu denken. Mein Magen zieht sich durch die furchtbare Erinnerung zusammen. Erst seit ein paar Tagen bekommt er wieder regelmäßig etwas zum Verdauen. Davor sah alles anders aus. Ich war völlig verzweifelt und am Ende. In unserem Land herrscht nach einer Dürre eine große Hungersnot. Meinen Sohn und mich hatte es böse getroffen. Jeden Tag machte ich mich auf die Suche nach etwas Essbarem. Jeden Tag wurde die Situation schlimmer. Ich fand kaum noch brauchbares Holz zum Kochen und unsere Vorräte gingen zur Neige, ohne dass wir sie auffüllen konnten. Ich portionierte unser Essen und gab meinem Sohn immer etwas mehr als mir. Schließlich waren wir beide völlig entkräftet und mehr tot als lebendig. Wir hatten noch ausreichend Mehl für eine Mahlzeit. Danach würden wir verhungern müssen. Mit letzter Kraft machte ich mich auf, um Holz zu sammeln. Mein Sohn war schon zu schwach für längere Wanderungen. Er musste zu Hause bleiben. Ich ging vor unsere Stadt und sammelte in der Nähe des Tores kleine Äste. Auf einmal hörte ich eine Stimme: „Hole mir Wasser in einem Gefäß! Ich bin durstig und brauche etwas zu trinken." Ich drehte mich um und sah einen Mann, der mir zuwinkte. Da ich wusste, wie es war, eine ausgetrocknete Kehle zu haben, wollte ich ihm seinen Wunsch erfüllen. Ich lief los, um Wasser zu holen. Er rief mir hinterher: „Bring mir bitte noch etwas Brot mit!" Ich zuckte zusammen. Zu gerne wäre ich seiner Bitte nachgekommen. Früher hatte ich immer etwas Brot im Haus gehabt. Das war jetzt leider anders! „Bei Gott, ich habe kein fertiges Brot, ich habe nur ein paar letzte Zutaten. Gerade sammle ich Holz, um den Rest für mich und meinen Sohn zu backen. Nach dieser Mahlzeit werden wir sterben müssen!" Alles brach aus mir heraus. Tränen liefen über mein Gesicht. Der Mann kam näher und sagte: „Hab keine Angst. Bereite alles so vor, wie du es gesagt hast. Dann bring zuerst mir etwas zu essen. Anschließend sollen du und dein Sohn satt werden. Gott, der Herr Israels, sagt: Das Mehl im Topf und das Öl im Krug sollen nicht leer werden bis zu dem Tag, an dem es wieder regnen wird!" Ich konnte nicht fassen, was der Mann sagte. Wie in Trance ging ich nach Hause und fing an zu backen. Es tat gut, etwas Gewohntes zu tun. Das Brot schmeckte herrlich.

Inzwischen isst der Mann, Elia, jeden Tag bei uns. Ich vertraue dem, was er vorausgesagt hat. Er ist ein Prophet Gottes. Es ist eine Ehre für mich und mein Haus, dass uns Gott durch Elia in dieser schlimmen Zeit beisteht. Ich danke ihm jeden Tag auf Knien dafür. Anschließend lasse ich mir das Brot schmecken und kümmere mich um meinen Sohn. Er hat sich noch nicht gut erholt und ich hoffe, dass er gesund bleibt!

Ob der Wunsch von Kezia in Erfüllung geht, kannst du in den anschließenden Versen nachlesen ... Dieser Familie passiert etwas Wunderbares. Sie werden in einer schlimmen Zeit ausreichend versorgt. Gott hat hierfür eine ganz besondere Idee: Er gibt ihnen nicht einen großen Vorrat, sondern versorgte sie jeden Tag genau mit der Menge an Essen, die sie brauchen. So lernt Kezia, ihm zu vertrauen. Sie muss sich nicht um Morgen sorgen, sie kann darauf vertrauen, dass Gott ihr heute alles gibt, was sie zum Leben braucht. Ich wünsche uns, dass wir diese Entdeckung in unserem Leben auch machen. Schau doch mal in der kommenden Woche jeden Tag darauf, wie Gott dich versorgt, und schreibe auf, was du von ihm jeden Tag bekommst. Für den Fall, dass du dir Sorgen über die Zukunft machst, kannst du dir den Vers 34 aus Matthäus 6 an eine für dich gut sichtbare Stelle hängen!

....

....

....

....

....

....

....

....

....

21. HULDA

2. KÖNIGE 22,14-20

Es hat sich schon bis zu ihr rumgesprochen:
Der Hohepriester Hilkija hat eine Buchrolle im Tempel des Herrn gefunden. Das hat er dem Hofsekretär des Königs Josia erzählt und ihm die Schriftrolle gegeben. Dieser wiederum hat dem König das Schriftstück vorgelesen. Die Reaktion des Königs muss heftig gewesen sein. Anhand der Kleiderfetzen, die anschließend zu ihrem Mann in die Kleiderkammer gebracht wurden, war zu erkennen, dass er aus Betroffenheit über den Text sogar seine Kleider zerrissen hatte. Josia war ein guter König. Er regierte das Land schon seit seinem achten Lebensjahr. Er führte das Land wie sein Vorfahre David. Die Menschen mochten ihn. Und er mochte sie. Deshalb hatte ihn diese Nachricht so geschockt.

Jetzt war der König auf der Suche nach jemandem, der ihm die Worte aus der Schriftrolle erklären konnte. Er selbst und auch seine Beamten waren dazu nicht in der Lage. Sie wusste, dass sie zu ihr kommen würden. Es war nur eine Frage der Zeit, wann sie auftauchen und an ihre Tür klopfen würden. Hulda war eine Prophetin. Sie stand ganz eng mit Gott in Kontakt. Er hatte ihr schon vieles offenbart und gezeigt. Weil sie diese Berufung von Gott hatte, kamen immer wieder Leute zu ihr. Heute würden es die Gesandten des Königs sein.

Als sie schließlich bei ihr ankamen, überbrachten sie ihr diesen Auftrag: „Fragt den König, was wir tun sollen. Denn niemand in ganz Juda – weder ich noch das Volk – hat getan, was in dem Buch steht, das gefunden wurde. Der Herr muss deswegen sehr zornig auf uns sein, denn schon unsere Väter haben nicht darauf gehört und die Weissagungen nicht befolgt, die uns gegeben wurden."

Sie hatte inzwischen viel mit Gott gesprochen und auch eine Antwort von ihm erhalten. Diese gab sie den Männern weiter: „So spricht der Herr, der Gott Israels: Alles, was in dem Buch steht, das der König Josia gelesen hat, wird eintreffen! Das dort angedrohte Unheil will ich über die Stadt und ihre Bewohner hereinbrechen lassen. Denn sie haben mich verlassen und anderen Göttern ihre Opfer dargebracht. Mit ihrem Götzendienst haben sie mich herausgefordert. Mein Zorn über diese Stadt ist wie ein Feuer, das nicht mehr erlischt."

Sie machte eine Pause und hörte, wie die Männer scharf die Luft einzogen. Gottes Worte waren nicht leicht zu ertragen. Doch sie hatte noch mehr zu sagen: „Über den König Josia sage ich, der Herr und Gott Israels: Du hast nun meine Antwort gehört. Doch du hast dir meine Worte zu Herzen genommen und dich meiner Macht gebeugt. Als du gehört hast, was ich über diese Stadt und ihre Einwohner gesagt habe, da hast du betroffen dein Gewand zerrissen und bist in Tränen ausgebrochen. Darum will ich deine Gebete erhören. Das verspreche ich, der Herr. Du sollst in Frieden sterben und im Grab der Königsfamilie beigesetzt werden. Das Unheil, das ich über die Stadt kommen lasse, wirst du nicht mehr erleben."

Die Männer des Königs standen betroffen vor ihr. Es dauerte eine Weile, bis sie sich aus ihrer Starre lösten. Dann prägten sie sich die Worte des Herrn, die sie ihnen weitergesagt hatte, gut ein. Sie verließen ihre Hütte wieder.

Bevor Jesus gelebt hat, war sein Heimatland Israel lange Zeit in ein Nord- und ein Südreich gespalten. Beide Reiche wurden von vielen verschiedenen Herrschern regiert. Einige Jahre bevor Josia im Südreich König wurde, ist das Nordreich von anderen Völkern dem Erdboden gleichgemacht worden. So bestand nur noch ein kleiner Teil des ehemaligen Israels und den versuchte Josia, im Gegensatz zu vielen seiner Vorgänger, nach Gottes Willen zu leiten.

Die Ansage Gottes über die Zukunft, die im Tempel gefunden wird, macht ihn sehr betroffen. Wie er reagiert und was Gott gesagt hat, kannst du oben lesen. Nachdem Josia weiß, was Gott vorhat, verliert er keine Zeit. Er reagiert und schmeißt nach und nach die falschen Götzen seines Volkes aus dem Land. Er räumt gemeinsam mit seinen Leuten auf. Das heißt, die Menschen trennen sich von dem, was sie einnimmt und von Gott wegbringt. Sie schaffen das aus ihrem Leben weg, was ihnen nicht gut tut. Ihnen wird wieder klar, wer wirklich wichtig für ihr Leben ist: Gott. Sie fangen an, ihm wieder neu zu vertrauen und sich nach ihm auszurichten.

Denkst du, das ist bei dir (auch mal wieder) dran? Dann leg heute noch los!

Übrigens: Auch das Südreich hat es nach ein paar Jahrzehnten schwer getroffen. Auch dieser Teil von Israel wurde von fremden Völkern zerstört. Menschen wurden verschleppt. Sie durften erst nach langen Jahren wieder zurück in ihre Heimat. Dieser Teil der Geschichte Israels hat das Volk sehr geprägt.

....

....

....

....

....

....

22. Ester

ESTER 2

Zu Hause

Meine Eltern sind schon lange gestorben. Ich kann mich kaum an sie erinnern. Ich lebe bei meinem Cousin Mordechai in Persien. Unser Volk, die Juden, wurden vor unserer Zeit gefangen genommen und hierher verschleppt. Wir sind also seit Generationen hier zu Hause. An einem schönen sonnigen Tag brodelte in unserer Residenz Susa die Gerüchteküche: Unsere Königin Wasti hatte ihrem Gemahl, dem König Xerxes, nicht gehorcht. Deshalb war sie jetzt keine Königin mehr. „Stell dir vor Ester, er sucht eine neue Frau! Alle schönen Mädchen im Land sollen zu ihm in den Palast kommen!", erzählte mir meine Freundin Miriam. Ich glaubte den Gerüchten nicht wirklich bis zu dem Tag, an dem der offizielle Erlass des Königs verkündet wurde: „Auf Geheiß des Königs sollen in allen Provinzen seines Reiches schöne Mädchen, die noch Jungfrauen sind, ausgewählt werden und in seinen Harem nach Susa gebracht werden." Viele Mädchen versammelten sich auf dem Marktplatz. Aufgeregt zerquetschen Miriam und ich uns fast die Hände. Ein Berater des Königs lief durch unsere Reihen. Er zeigte auf die Mädchen, die er haben wollte. Als der Beamte bei Miriam und mir ankam, zeigte er ohne

Zögern auf mich. „Das war ja klar. Ester, du bist einfach die Schönste!", flüsterte Miriam mir zu. Sie wurde nicht ausgewählt. Langsam ließ ich ihre Hand los. Wir umarmten uns lange. Dann verabschiedete ich mich von meinem Cousin: „Ester, sag im Palast niemandem, dass du eine Jüdin bist!", schärfte er mir ein. Mit einem flauen Gefühl im Magen ging ich schließlich hinüber zu den ausgewählten Mädchen. Sie waren alle wunderschön.

In der Residenz

Wir lebten gemeinsam im königlichen Harem. Du kannst dir gar nicht vorstellen, wie anstrengend der Alltag mit eitlen und oberflächlichen Frauen war! Es ging immer nur um Haare, Schminken, Abnehmen und Baden. Zum Glück gab es auch ein paar wie mich, die sich nicht so viel aus dem Schönheitszirkus machten. Wir unterhielten uns viel, um die Zeit totzuschlagen. In dieser Zeit gewann ich Hegai, den Eunuch, der für unseren Harem verantwortlich war, zum Freund. Weil er mich mochte, bekam ich die besten Schönheitsmittel und die gesündesten Speisen. Er wies mir sogar die schönsten Räume im Harem zu. Unsere Aufgabe war es, uns ein Jahr auf die Begegnung mit dem König vorzubereiten. Wir pflegten und kämmten uns, rieben uns mit Ölen ein und badeten viel.

Vor dem König

Jeden Abend war ein anderes Mädchen an der Reihe, vor dem König zu erscheinen und mit ihm die Nacht zu verbringen. Bevor sie in den Palast ging, durfte sie sich Kleidung und Schmuck heraussuchen. Bei den meisten konnte man ihre natürliche Schönheit unter dem ganzen Klunker und der Schminke nur noch erahnen. Bisher war jedes Mädchen zurückgekehrt. Ab dem Zeitpunkt war sie eine Nebenfrau des Königs. Bis jetzt hatte der König also noch keine neue Frau ausgewählt. Heute war ich an der Reihe. Schon den ganzen Tag war mir schlecht vor Aufregung. Um mich zu beruhigen, hatte ich viel Tee getrunken. Das hatte nichts bewirkt, außer dass ich ständig aufs Klo musste. Ich suchte meinen Schmuck gemeinsam mit Hegai heraus. Er zeigte mir, was der König gerne mochte. Ich fühlte mich sogar ganz wohl damit. Als ich durch den Harem ging, flüsterten die Mädchen miteinander. Viele machten mir Komplimente, andere warfen mir hasserfüllte Blicke zu. Als ich ein letztes Mal in den Spiegel sah, blickte mich eine exotische Schönheit an. Ich atmete noch mal tief durch. Dann begleitete mich Hegai zu Xerxes. Noch in dieser Nacht wurde ich zur Königin ernannt.

Ester erlebt hier innerhalb weniger Monate einiges. Sie wird mit vielen anderen jungen Frauen zu den schönsten Mädchen des Reiches erklärt. Dann ziehen all diese Mädchen in den Harem ein. Das ist ein Ort, an dem die Frauen des Königs bzw. die Anwärterinnen auf das Königinnenamt leben. Betreut werden sie ausschließlich von Dienerinnen und Eunuchen, also kastrierten Männern. In diesem Harem geht es rund um die Uhr um Schönheit, um perfektes Aussehen und darum, wie man noch ein bisschen besser aussehen kann.

Ehrlich gesagt, habe ich mich als Teenie in meiner Clique auch manchmal wie in einem Harem gefühlt. Hier Schminke, da Make-up, hier ein Pickel, da Geläster. Dabei haben meine Mädels und ich oft eins vergessen, was mir jetzt immer bewusster wird: Schön sein hat nicht nur etwas mit „perfekt durchgestylt" zu tun. Eine schöne Frau kann auch ungeschminkt sein, weil sie durch ihre Persönlichkeit von innen schön ist. Sie überzeugt mit dem, was sie ausstrahlt, und nicht mit dem, was sie sich aufmalt. Ich lade dich ein, zu entdecken, was das bei dir ist. Glaube mir, wenn ich dir sage, dass es da etwas gibt.

....

....

....

....

....

....

....

....

....

23. Élisabeth

LUKAS 1,5–25; 57–66

Im Schlafzimmer muss dringend mal aufgeräumt und Staub gewischt werden!

Ich mache mich ans Werk. Nach einer Weile fällt mir eine Kiste in die Hände. Sie steckt voller Erinnerungen, die ich im Laufe meines Lebens gesammelt habe. Andächtig hebe ich den Deckel. Als Erstes fällt mein Blick auf ein Kinderspielzeug, mit dem ich als kleines Mädchen viel Zeit verbracht habe. Ich lächle und erinnere mich an meine wunderbare Kindheit. Dann zieht ein Brief meine Aufmerksamkeit auf sich. Er ist von meinem Mann Zacharias. Er hat ihn mir vor Jahren geschrieben. Damals waren wir schon eine Weile verheiratet, hatten aber noch keine Kinder.

Ich nehme ihn behutsam in meine Hände und betrachte ihn. Obwohl ich seinen Inhalt beinahe auswendig kann, öffne ich den Umschlag. Dann lese ich die Worte bestimmt zum tausendsten Mal.

„Meine geliebte Elisabeth,
ich würde dir sehr gerne genau jetzt sagen, was du mir bedeutest, und erzählen, was ich erlebt habe. Aber ich kann nicht mehr reden, deshalb schreibe ich dir. Als ich dich vor vielen Jahren geheiratet habe, ahnte ich noch nicht, dass du für mich meine beste Freundin und meine Wegbegleiterin werden würdest. All das, meine Liebste, ist eingetroffen. Du bist mein

Sonnenschein und ich will keinen einzigen Tag mit dir hergeben. Ich weiß, dass du jetzt auch an Zeiten denkst, in denen wir es nicht leicht hatten. Wir haben lange probiert, Kinder zu bekommen. Doch dieses Glück hat sich für uns nicht erfüllt. Glaube mir, dass du deshalb für mich kein bisschen weniger wertvoll bist, egal, was die anderen sagen!

In all den Jahren ist Gott uns treu geblieben. Gemeinsam haben wir diese traurige Zeit und die unerfüllte Sehnsucht überstanden. Ich danke dir dafür. Elisabeth, du bist wunderbar! Ich liebe dich. Was ich dir jetzt schreibe, klingt verrückt. Und das war es auch. Du weißt, dass ich heute als Priester im Tempel das Räucheropfer darbringen durfte. Ich ging durch die Menge der Menschen im Vorhof hinein in den Tempel zum Opfern. Als ich loslegte, erschien mir ein Engel. In meine Erschrockenheit hinein sagte er, dass ich mich nicht zu fürchten brauche. Und jetzt kommt's: Er erzählte mir anschließend, dass wir einen Sohn bekommen sollen. Sein Name soll Johannes sein. Er wird ein großer Mann werden und Gott Freude machen. Du kannst dir vorstellen, dass ich das alles recht seltsam fand. Ich konnte es nicht fassen, was er da sagte. Ich sprach meine Zweifel über seine Botschaft aus. Das hätte ich besser nicht tun sollen. Deshalb kann ich jetzt nämlich nicht mehr reden, bis unser Sohn auf die Welt kommen wird.

Nach dieser Begegnung lief ich schnell aus dem Tempel. Die Masse wollte mich aufhalten, aber ich winkte nur ab. Die Menschen verstanden, dass ich schnell gehen wollte, und ließen mich durch. Auf dem Weg nach Hause musste ich meine Gedanken ordnen. Gott geht manchmal unergründliche Wege. Wir beide werden ein Kind haben! Geliebte Elisabeth, du wirst Mutter werden. Jetzt kann ich mich darauf freuen. Und auch darauf, dass ich dann wieder reden kann. 😉

In tiefer Liebe, dein immer noch ein bisschen verwirrter, aufgeregter und verstummter Zacharias"

Langsam komme ich wieder in der Gegenwart an. Obwohl dieses Papier uralt ist, berührt es mich. Meine Hände sinken mit dem Brief auf meinen Schoß. Der Inhalt des Briefes hat damals vor vielen Jahren mein Leben verändert. Jetzt erinnere ich mich an meine Schwangerschaft, die ich relativ abgeschottet verbracht habe. Ich denke zurück an den langen Besuch meiner ebenfalls schwangeren Verwandten und Freundin Maria. Und ich denke natürlich an meinen geliebten Sohn Johannes, der inzwischen erwachsen ist. Aus ihm ist tatsächlich ein großer Mann geworden. Ich danke Gott dafür.

Vielleicht geht es dir manchmal wie Zacharias. Du würdest jemandem gerne sagen, was du für ihn empfindest, was du erlebt hast oder wie es dir geht. Aber du kannst nicht (nicht unbedingt weil Gott dich stumm gemacht hat, aber weil du zum Beispiel nicht weißt, wie du das Gespräch anfangen sollst). Wie wäre es, wenn du es wie Zacharias machst und mal an die Person/en schreibst, was dich bewegt und was du loswerden willst? Ob du den Brief weitergibst, kannst du hinterher immer noch entscheiden.

....

....

....

....

....

....

....

....

....

....

....

....

24. Maria, Mutter Jesu

LUKAS 1,26-56

Seit Tagen laufe ich, so schnell ich kann, weil ich unbedingt bei Elisabeth ankommen möchte.

Sie ist meine beste Freundin und ich muss unbedingt mit ihr reden. Als ich endlich vor ihrer Haustür stehe, hole ich nochmals tief Luft. Doch bevor ich klopfen kann, reißt sie die Tür auf. Ich bin so dankbar, sie zu sehen, und umarme sie ganz fest. Das ist gar nicht so leicht, weil Elisabeth schwanger ist. „Elisabeth, ich freue mich so, dich zu sehen!" – „Hallo Maria, wie schön, dass du da bist. Du bist von Gott gesegnet. Und ich spüre, dass auch das Kind in dir gesegnet ist, weil es Gott selbst ist. Gott hat dich für diese Aufgabe ausgewählt."

Das ist krass: Elisabeth weiß, was los ist, ohne dass ich ihr etwas davon erzählt habe. Sie weiß schon, dass ich schwanger bin. Als sie das alles so zu mir sagt, begreife ich, was passiert ist. Gott hat mich wirklich dafür ausgewählt, dass ich seinen Sohn auf die Welt bringen darf. Ich bin eigentlich nichts Besonders. Nicht besonders reich, nicht besonders schön oder besonders groß. Und trotzdem macht Gott mich zu etwas Besonderem: Zu der Mutter seines Kindes.

Als wir später gemeinsam am Esstisch sitzen, sagt Elisabeth zu mir: „Jetzt musst du aber doch noch mal von vorne erzählen. Was ist passiert?" – „Also pass auf: Vor ein paar Tagen saß ich zu Hause und habe ein bisschen in den Tag geträumt. Auf einmal hörte ich eine Stimme: ‚Hallo Maria! Gott hat dir seine Gnade geschenkt. Der Herr ist mit dir.' Ich bin furchtbar erschrocken und habe mich umgedreht. Ich sah einen Engel, der in meinem Zimmer stand. Er hat bemerkt, dass ich überfordert war, und sagte zu mir: ‚Du musst keine Angst haben. Gott liebt dich und er hat dich für eine wichtige Aufgabe ausgesucht: Du wirst schwanger werden und einen Sohn bekommen. Du sollst ihn Jesus nennen. Jesus wird sehr bedeutend werden und Sohn Gottes genannt werden. Er wird König über alle sein und sein Königreich wird niemals zu Ende gehen.' Kannst du dir vorstellen, dass ich völlig überrumpelt war? Ich weiß, wie Kinder gezeugt werden, und wusste deshalb auch, dass es nicht möglich war, dass ich schwanger bin. Obwohl ich mit Josef verlobt bin, schlafen wir noch nicht miteinander. Ich fragte den Engel sehr verwirrt: ‚Wie soll ich denn einen Sohn bekommen?' Er erklärte mir, dass Gott selbst das Wunder der Schwangerschaft in mir bewirkt. Durch seinen Geist wird das Kind in mir entstehen.

Schließlich erzählte er mir, dass du im sechsten Monat schwanger bist. Nachdem ich wusste, dass Gott auch bei dir ein Wunder getan hat, glaubte ich, dass bei ihm einfach nichts unmöglich ist. Deshalb habe ich zu dem Engel gesagt: ‚Ich weiß, dass alles so passieren wird, wie du es mir gesagt hast. Ich bin bereit dafür.' Dann war er auf einmal weg. Ich war echt aufgelöst und verwirrt. So bin ich dann losgelaufen und jetzt bin ich hier."

Elisabeth steht auf und nimmt mich fest in den Arm. „Ich bin stolz auf dich. Gott hat Großes mit dir vor." – „Danke Elisabeth. Danke für deine Freundschaft und deine guten Worte." Wir stehen eine Zeit einfach schweigend da. Es tut gut, eine so tolle Freundin zu haben.

Maria erinnert mich zu Beginn der Geschichte an ein ganz normales Mädchen: Sie muss alles, was passiert ist, gleich ihrer besten Freundin erzählen. Das kennen wir, denke ich, alle oder?

Als sie dann das Erlebte revue passieren lässt, kommt sie zu einem ganz bestimmten Punkt.
Sie findet sich nicht besonders, sondern einfach nur durchschnittlich, und kann erst gar nicht verstehen, warum Gott ausgerechnet sie ausgesucht hat. Doch auch wenn die Neuigkeit, die der Engel ihr überbringt, im ersten Moment wahrscheinlich unglaublich beängstigend und absolut unverständlich gewesen sein muss, vertraut sie auf Gott und ist bereit, ihm voll und ganz zu dienen.
Hier musste ich besonders an einen Bibelvers denken:
„Der Mensch sieht, was vor Augen ist, der Herr aber sieht das Herz an!" (1. Samuel 16,7)
Genau das ist für Gott ausschlaggebend! Auch wenn Maria sich unscheinbar findet, hat Gott eine super wichtige Aufgabe für sie. Er findet sie nicht zu arm, zu klein oder zu hässlich, sondern sieht die Treue, die sie ihm erweist. Gottes Wirken macht Maria zu etwas ganz Besonderem. Er lässt durch sie ein Wunder geschehen, das die ganze Menschheit und somit auch mein und dein Leben von Grund auf beeinflusst.
Mit ihrer Treue zu Gott und ihrem starken Glauben ist Maria für mich ein wirkliches Vorbild!
Lena, 18

....

....

....

....

....

....

25. Hanna

LUKAS 2,36-38

Sie lebte ein langes Leben.

Ein Leben, das in jungen Jahren mit einer schönen Kindheit begann und einer glücklichen Heirat seinen Höhepunkt hatte. Doch schon nach sieben Jahren Ehe ist ihr Mann gestorben. Das war eine schwere Zeit für sie gewesen. Zuerst war sie gar nicht mehr aus dem Haus gegangen. Sie hatte sich eingeigelt und mit ihrem Schicksal und vor allem mit Gott gehadert. Als Freunde damit anfingen, dass sie wieder heiraten sollte, wies sie sie entschieden zurecht. Sie konnte sich nicht vorstellen, je wieder einen Mann so zu lieben wie den, der viel zu früh von ihr gegangen war.

Doch was sollte sie stattdessen tun? Sie war eine Witwe und würde bald als eine alte Frau gelten. Zu diesem Zeitpunkt begann sie wieder, mehr in den Tempel mitten in Jerusalem zu gehen. Das Gebäude mit seinen hohen Säulen, wunderbaren Ornamenten und prächtigen Vorhängen hatte sie schon immer gemocht. Je mehr Zeit sie dort verbrachte, desto näher fühlte sie sich Gott. Es tat ihr gut, seine Gegenwart zu suchen und sich von ihm ausfüllen zu lassen. Er vervollständigte sie. Er füllte den Teil ihres Herzens mit neuem Leben, von dem sie geglaubt hatte, dass er mit ihrem geliebten Mann vor langer Zeit gestorben sei.

So kam es, dass sie immer mehr Zeit im Tempel verbrachte. Ihre Familie und Freunde ließen sie gewähren, als sie merkten, wie Hanna auflebte. Sie diente Gott mit Hingabe. Sie betete ohne Unterlass und begann viel und lange zu fasten. Nach ein paar Jahren verließ sie den Tempel kaum noch. In einer Nische hatte sie sich eine Schlafgelegenheit eingerichtet. Sie genoss es jeden Tag, auch als alte Frau Gott so nahe zu sein.

An diesem Morgen musste jemand ganz besonderes im Tempel sein. Sie hatte gesehen, wie Simeon, ein sehr gläubiger alter Freund von ihr, gekommen war. Sie folgte ihm, weil sie sich mit ihm unterhalten wollte. So wurde sie zufällig Zeugin einer Szene, die sie nie vergessen würde. Ein junges Paar brachte sein neugeborenes Kind in den Tempel, um es zu weihen. Das jüdische Gesetz schrieb vor, dass jeder erste Sohn der Familie dem Herrn gehören sollte.

Simeon begegnete dem Paar. Er nahm das Kind in seine Arme. Seine Augen glänzten feucht. Er war sehr berührt und fing an, Gott zu loben: „Herr, jetzt kann ich in Frieden sterben. Ich habe den Befreier gesehen, den du der ganzen Welt gegeben hast. Er ist das Licht für alle Völker und er wird der Ruhm für dein Volk Israel sein."

Als sie seine Worte hörte, begriff sie, dass das passiert war, wofür Simeon lange gebetet hatte: Er durfte Christus, den Retter, sehen. Sie war etwas erstaunt, dass dieses kleine Kind der Retter sein sollte. Doch bei den Worten von Simeon gab es keine Zweifel. Er begann mit den Eltern zu sprechen, die sich über seine Worte wunderten. Sie konnte ihre Freude über das alles nicht zurückhalten. Deshalb lief sie zu der Gruppe und betrachtete den Jungen. Dann fing sie an, Gott zu loben. Er ist so gut! Er hat sein Volk nicht vergessen und ihm seinen Retter geschickt. Ab diesem Zeitpunkt erzählte sie jedem, der wie sie und Simeon auf die Befreiung Jerusalems wartete, von diesem Kind.

Jesus war zum Zeitpunkt, als er von Hanna und Simeon als Retter Israels beziehungsweise Jerusalems begrüßt und gefeiert wurde, erst ein paar Wochen alt. Ein Baby, auf dem große Hoffnungen lagen. Ein Junge, der viele Sehnsüchte hervorgerufen hat. Seine Geburt hat jahrhundertelanges Warten beendet.

Jesus hat Israel am Ende seines Lebens nicht so gerettet, wie viele sich das vorgestellt und gewünscht haben. Er hat nicht mit Gewalt die Römer, also die damalige Besatzungsmacht, aus dem Land getrieben. Er hat stattdessen den größten Feind der Menschen, nämlich die Sünde und den Tod, für immer besiegt!

Das hat Hanna zu diesem Zeitpunkt nicht geahnt. Trotzdem hat sie Gott schon für Jesus gedankt und ihn gelobt. Wie viel mehr haben wir heute Grund dazu! Überlege dir doch mal, wofür du Gott danken und ihn loben willst.

....

....

....

....

....

....

....

....

....

....

....

26. Jedida

JOHANNES 2,1-12

Die Stimmung könnte nicht besser sein!

Unsere Hochzeit ist genauso, wie ich es mir erträumt und gewünscht habe. Die meisten unsere Verwandten und Freunde aus Kana und der Umgebung sind da. Sie alle feiern ausgelassen, dass Naftali und ich uns gefunden haben.

Ich selbst kann mein Glück kaum fassen. Vor drei Tagen habe ich den besten Mann dieser Welt geheiratet. Jetzt feiern wir unsere Liebe mit allen Menschen, die uns wichtig sind. Das Fest wird wohl noch ein paar Tage dauern. Das ist ganz normal bei uns. Die Gäste, die nicht von hier sind, haben sich irgendwo einquartiert. Nach ein paar Stunden Schlaf geht die Party einfach weiter.

Heute Abend ist die Musik besonders gut und das Essen besonders lecker. Der Wein fließt in Strömen und die Leute amüsieren sich prächtig. Auch ich habe schon sehr viel getanzt und mache deshalb eine kleine Pause. Ich sitze auf einem Stuhl ein bisschen abseits der Menge und betrachte das bunte Treiben. Ich bin einfach nur glücklich. Da kommt Naftali auf mich zu. „Liebster, ist unsere Hochzeit nicht die schönste der Welt?", frage ich ihn aufgekratzt und schaue weiter in die Menge. Als er mir nicht antwortet, blicke ich ihn direkt an. An seinem Blick kann ich erkennen, dass etwas nicht in Ordnung ist. „Naftali, was ist passiert?" – „Jedida, wir haben keinen Wein mehr!" – „Das kann doch gar nicht sein! Wir haben so viel davon besorgt. Außerdem trinken doch alle noch!" – „Es ist aber leider so. Ein Diener hat es mir gerade gesagt. Das, was die Leute trinken, sind die letzten Reste."

In diesem Moment kommt ein Freund auf uns zu. „Leute, kann es sein, dass der Wein aus ist? Ich wollte mir gerade nachholen, da hieß es, dass es nichts mehr gibt?" – „Du musst dich ein wenig gedulden. Gleich kommt Nachschub!", sage ich schnell zu ihm. Er gibt sich damit zufrieden und stürzt sich wieder in die Menge. Naftali sieht mich nachdenklich an. Langsam wird mir bewusst, dass die Lage wirklich ernst ist. „Was sollen wir denn jetzt tun? Ich will nicht, dass unser Fest gleich zu Ende ist!", jammere ich. Meine Augen füllen sich mit Tränen. Ich kann sie kaum zurückhalten. Naftali nimmt mich in den Arm und drückt mich an sich. „Liebste, ich weiß es nicht. Was wir jetzt brauchen, ist ein Wunder."

Im nächsten Moment kommt ein Diener auf uns zu. Ich will eigentlich gar nicht hören, was er zu sagen hat. „Herr, bitte kommen Sie mit. Der Festmeister möchte mit Ihnen sprechen." Mein frischgebackener Ehemann wirft mir noch einen Blick zu, dann verschwindet er mit dem Diener in Richtung Küche. Resigniert lasse ich mich wieder auf meinen Stuhl fallen.

Nach ein paar Minuten kommt Naftali mit großen Schritten auf mich zu. Er ist ganz aufgeregt. Als er bei mir ankommt, nimmt er mich hoch und wirbelt mich durch die Luft. Wir drehen uns gemeinsam, bis wir in der Mitte der Tanzfläche angekommen sind. Naftali zieht mich eng zu sich heran und beginnt mit mir zu tanzen. Verwundert schaue ich ihn an. Er kommt mit seinen Mund nahe an mein Ohr und flüstert mir zu: „Es ist ein Wunder passiert! Unser Gast Jesus hat dafür gesorgt, dass es wieder Wein gibt. Ich weiß nicht, wie er es gemacht hat. Aber dieser Wein ist sogar besser als der, den wir besorgt haben. Unser Fest kann weitergehen." Er grinst mich an. Ich lächle und nehme mir vor, mich nach diesem Tanz bei Jesus zu bedanken.

Jesus ist mit seinen Jüngern und seiner Mutter einer der vielen Gäste auf dieser Hochzeit. Er kennt das Brautpaar wahrscheinlich nur flüchtig. Trotzdem tut er in dieser Geschichte eins seiner ersten Wunder. Er lässt die leeren Weinkrüge mit Wasser füllen und verwandelt es in Wein. Damit rettet er dem Brautpaar die Stimmung und die gesamte Hochzeit. Alle können ausgelassen weiterfeiern. Nur wenige wissen, was wirklich passiert ist. Das liegt daran, dass Jesus dieses Wunder nicht in erster Linie für das Paar und die Gäste, sondern für seine Jünger tut. Es geht ihm nicht darum, dass Menschen ihn bewundern, sondern dass Menschen erkennen, wie herrlich und gut er ist. Er wünscht sich, dass sie ihm Glauben schenken.

Welche Wunder von Jesus kennst du noch? Schenkst du ihnen und damit Jesus selbst Glauben?

Welche kleinen und großen Wunder hast du selbst schon in deinem Leben erlebt?

Du kannst mit Jesus über deine Gedanken sprechen. Er möchte dir gerne zeigen, wie herrlich er ist und wie gut er es mit Jedida, Naftali, mir und dir meint.

....

....

....

....

....

....

....

....

....

....

....

....

....

....

....

....

....

....

....

....

....

....

....

....

....

....

....

....

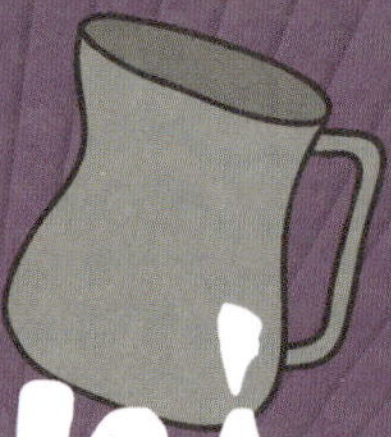

27. Photini

„So ein Flittchen!"

„Dass die sich überhaupt noch unter Leute traut!" Das und noch viel schlimmere Dinge sagen die Frauen in meinem Dorf über mich. Sie können mich nicht leiden. Es passt ihnen nicht, dass ich schon mehrmals geschieden bin. Glauben die eigentlich, dass mir Trennungen Spaß machen? Dass ich keine Gefühle habe? Die habe ich sehr wohl! Ich wünsche mir, dass jemand mich so liebt, wie ich bin. Immer wenn ich dachte, bei einem Mann so geliebt zu werden, wurde ich bitter enttäuscht. Weil mein Herz so oft gebrochen wurde, gebe ich nicht mehr viel von mir preis. Die Menschen um mich herum taten und tun mir weh. Deshalb gehe ich ihnen am liebsten aus dem Weg. Ich mache in der Mittagshitze meine Besorgungen – also immer dann, wenn niemand sonst unterwegs ist.

An einem Tag muss ich Wasser holen. Je näher ich dem Brunnen komme, desto deutlicher sehe ich den fremden Mann auf dem Rand des Brunnens sitzen. Um ihn nicht auf mich aufmerksam zu machen, will ich ganz schnell Wasser schöpfen und gehen. Doch dann höre ich seine Stimme: „Gib mir etwas zu trinken!" – „Das kann ich nicht machen", antworte ich. Er sieht mich nachdenklich an. Dann sagt er: „Wenn du wüsstest, wer dich um etwas zu trinken bittet. Du würdest ihn um Wasser bitten und er würde dir lebendiges Wasser geben." – „Und wie willst du mir das ohne Eimer holen?", frage ich frech. „Wenn du von dem Wasser aus diesem Brunnen trinkst, wirst du wieder durstig werden. Ich gebe dir etwas, was deinen Durst für immer stillen kann", erklärt er mir.

Was sagt er da? Das klingt verlockend! Schnell sage ich: „Gib mir dieses Wasser!" – „Zuerst bringst du deinen Mann zu mir." Das sitzt. Er trifft meinen empfindlichsten Nerv: meine Männergeschichten und meine Suche nach Liebe. Aber er klingt nicht verurteilend wie alle andern. Er hört sich nicht vorwurfsvoll, sondern echt interessiert an. Deshalb sage ich ihm die Wahrheit: „Ich habe keinen Mann." Er schaut mich an. „Du hast die Wahrheit gesagt. Mit fünf Männern warst du verheiratet. Der, mit dem du jetzt zusammenlebst, ist nicht dein Mann."

Er durchschaut mich. Obwohl er anscheinend alles über mich und mein verkorkstes Liebesleben weiß, geht er respektvoll und liebevoll mit mir um. Ich fasste Vertrauen zu ihm. Wir reden weiter und ich stelle ihm einige meiner brennenden Fragen. Je länger das Gespräch dauert, desto sicherer werde ich: Dieser Mann ist etwas ganz Besonderes. Für ihn bin ich kein Flittchen. Ich muss nicht mit allen Mitteln um seine Aufmerksamkeit kämpfen. Er hat mich gerne, obwohl ich eine dunkle Vergangenheit und viele Verletzungen mit mir herumtrage. Bei ihm bin ich nicht von vorneherein abgestempelt. Das heißt, ich muss nicht so bleiben, wie ich bin. Ich darf anders werden und neu anfangen! Er nimmt mich als Frau ernst.

Wer er ist? Jesus Christus, der Retter meines Herzens.

*Sehnst du dich nach Liebe? Dem Gefühl, jemandem wichtig zu sein?
Mir geht es oft so. Ich wünsche mir, dass mich jemand so liebt, wie ich
bin. Genau wie die Frau in der Geschichte versuche ich oft verzweifelt,
ein bisschen Aufmerksamkeit zu kriegen. Dafür mach ich auch Dinge,
die mir nicht guttun, die mich vielleicht sogar kaputt machen. Aber
die Sehnsucht, geliebt und für wertvoll gehalten zu werden, ist größer.
Die Frau in der Geschichte rechnet gar nicht mehr damit, so geliebt
zu werden, wie sie ist. Aber da kommt Jesus. Und obwohl er weiß, wie
verletzt sie ist, und alle Schattenseiten ihres Lebens kennt, geht er liebevoll mit ihr um, denn sie ist ihm wichtig.
Er will auch meine Sehnsucht stillen. Und das Coole an der Sache ist,
dass – egal, wie hervorragend oder verkorkst mein Leben war oder
ist –, er mich genau so wie ich bin liebt und wertvoll findet. Das gilt
auch für dich!
Vera, 16*

....

....

....

....

....

....

....

....

....

28. Rifka

LUKAS 7,11-17

Seufzend betrachte ich den letzten Brief, den mir mein verstorbener Mann geschrieben hat:

„Rifka, ich werde dich vermissen. Ich weiß, dass es dir ähnlich gehen wird. Bitte kümmere dich trotzdem gut um unseren Sohn Salomo. Er braucht dich. Wie sehr wünschte ich, dass ich sehen könnte, wie er groß wird!" Diesen Abschnitt des Briefes kenne ich auswendig. Ich habe mir die Bitte meines Mannes sehr zu Herzen genommen. Salomo und ich sind im Laufe der Jahre ein gutes Team geworden. Ich liebe ihn sehr und bin stolz auf ihn. Er ist alles, was mir noch geblieben ist.

Inzwischen ist Salomo ein junger Mann geworden und die ersten Mädchen drehen sich schon nach ihm um. Bestimmt hätten wir bald über eine mögliche Frau gesprochen, wenn ... ja, wenn Salomo nicht krank geworden wäre. Tagelang habe ich mich hingebungsvoll um ihn gekümmert. Jede Nacht habe ich an seinem Lager gesessen. Doch das hat alles nichts genützt! Salomo ist vor zwei Tagen gestorben.

Ich schluchze. Tränen laufen über mein Gesicht. Mein Magen zieht sich zusammen. Meine Nase läuft. Ich putze sie geräuschvoll und fühle mich schrecklich allein gelassen. Irgendwann schaffe ich es, ein Tuch über meine Haare und mein Gesicht zu ziehen. Gleich werden wir den leblosen Körper von Salomo in einem Sarg aus der Stadt tragen.

Viele Leute stehen schon vor meinem Haus, um den Trauerzug zu begleiten. Meine Knie geben nach, als ich die Träger mit dem Sarg sehe. Zwei Freundinnen stützen mich. Wir setzen uns langsam in Bewegung. Mein Körper reagiert mechanisch. Wie in Trance setze ich einen Fuß vor den anderen. Ich wimmere vor mich hin. Seit Tagen erlebe ich meinen schlimmsten Albtraum. Ich würde so gerne aufwachen!!

Am Stadttor wird der Zug langsamer. Dort stehen einige Männer und schauen uns mitleidig entgegen. Einer von ihnen geht auf mich zu: „Weine nicht!", sagt er zu mir. Soll das ein Scherz sein? Wie kann er so etwas sagen? Der kennt mich doch gar nicht! Jetzt geht er auch noch auf den Sarg meines Sohnes zu und berührt ihn. Wie kann er es wagen?! Hat dieser Mann überhaupt keinen Anstand? Die Träger bleiben stehen. Viele Leute um mich herum halten den Atem an. Einige sind wie erstarrt. Deutlich höre ich die Worte des Fremden: „Junge, steh auf!"

Beinahe hätte ich bitter aufgelacht. Was denkt er, wer er ist? JHWH persönlich? Der Lacher bleibt mir im Hals stecken, als ich sehe, wie Salomo sich aufrichtet. „Wo bin ich? Wir sind ja vor der Stadt! Wie bin ich hierher gekommen? Was machen die ganzen Leute hier?" Sanft hilft ihm der Mann aufzustehen. Er kommt mit Salomo auf mich zu. Der sieht mich fragend an. Er begreift so wenig wie ich, was gerade passiert ist. Noch kann ich mich nicht überschwänglich freuen. Dazu ist das gerade alles zu irreal. Auch alle anderen um mich herum sind baff vor Staunen. Manchen steht sogar der Mund offen. Sie flüstern und fragen sich, wie dieser Mann das machen konnte. Alle blicken auf ihn. Sie halten ihn für einen großen Propheten.

Wer er ist, will ich morgen herausfinden. Dann werde ich ihm auch danken. Jetzt werde ich erst mal wieder Zeit mit meinem geliebten Sohn verbringen. Ich hake mich bei ihm unter. Langsam laufen wir in Richtung Heimat. Wir haben alle Zeit der Welt …

Jesus hat Salomo ein neues Leben geschenkt. Er möchte auch dir ein neues Leben schenken. Er steht mit offenen Armen da und wartet auf dich. Er lädt dich ein, dein altes Leben hinter dir zu lassen und stattdessen ihm zu folgen, dein Leben in Jesu Hände zu legen. Er möchte dich heil machen, dir die Sorgen abnehmen und mit dir durch dick und dünn gehen. Du bist Gott so wichtig, dass er seinen Sohn, Jesus Christus, hingab, damit du leben kannst und von aller Sünde befreit wirst. Dein Leben endet nicht mit dem Tod, sondern es fängt danach erst richtig an!
Lea, 16

....

....

....

....

....

....

....

....

....

....

....

....

29. Johanna

LUKAS 7,36-50

Vor ein paar Tagen kam mein Mann Simon, der Pharisäer, aufgeregt nach Hause.

„Wir brauchen morgen unbedingt ein gutes Essen. Jesus kommt zu Besuch!", sagte er zu mir. Ich beschloss, mich richtig ins Zeug zu legen. Alles sollte perfekt sein. Deshalb kaufte ich am nächsten Morgen allerlei Köstlichkeiten. Zwei Freundinnen halfen mir anschließend bei der Zubereitung der Speisen. Als die beiden wieder weg waren, hatte ich noch ein paar Minuten Zeit, mich umzuziehen. Ich kontrollierte noch mal alles – es war perfekt!

Und dann war Jesus auch schon da. Mein Mann führte ihn zu seiner Liege. Sie unterhielten sich jetzt schon angeregt. Ich war stolz auf Simon und freute mich, dass alles wie am Schnürchen klappte. Schnell wollte ich in die Küche, um den ersten Gang zu servieren. Gerade als ich das Zimmer wieder verlassen wollte, nahm ich im Augenwinkel einen Schatten an der Wand wahr. Ich kniff die Augen zusammen und sah genauer hin. Mir blieb der Mund offen stehen. An unsere Hauswand gedrückt stand Johanna, eine stadt-

126

bekannte Prostituierte. Sie zittere am ganzen Körper. Wie war die hier reingekommen? Wie konnte diese Person es wagen, in mein Haus einzudringen? Und vor allem: Was wollte sie hier? Bevor ich reagieren konnte, schlich sich Johanna leise ans Fußende von Jesu Liege. Dort angekommen, fing sie an, hemmungslos zu weinen. Seine Füße wurden ganz nass von ihren Tränen. Fassungslos stand ich da. Das war alles so peinlich! Wenn das unsere Freunde erfahren würden! Wie konnte diese Dirne es wagen, dieses Essen so zu zerstören?!

Das ganze Drama wollte kein Ende nehmen. Jetzt nahm Johanna ihre langen Haare, um Jesus die Füße zu trocknen. Anschließend goss sie sündhaft teures Öl auf seine Füße. „Was für eine Verschwendung! Dafür musste sie bestimmt lange arbeiten!", dachte ich gehässig. „Wenn Jesus wirklich ein Prophet wäre, würde er sich von so einer nicht berühren lassen!" Ich sah Simon an, dass er denselben Gedanken wie ich hatte.

Jesus öffnete seinen Mund. Jetzt würde er dieser peinlichen Angelegenheit hoffentlich ein Ende machen. Aber ich hatte mich getäuscht! Jesus wandte sich nicht an Johanna, sondern an meinen Mann: „Simon, ich will dir etwas sagen!" – „Dann sprich, Lehrer." Jesus begann eine Geschichte zu erzählen: „Zwei Männer hatten Schulden bei einem Geldverleiher. Der eine war ihm 50 Silberstücke schuldig, der andere 500. Beide konnten das Geld nicht zurückzahlen. Deshalb schenkte der Geldverleiher ihnen das Geld. Was denkst du: Wer von den beiden wird dankbarer sein?" – „Der, dem mehr geschenkt wurde." – „Du hast recht!" Nach dieser Geschichte, deren Sinn ich noch nicht verstanden hatte, drehte Jesus sich zu Johanna um. Mit wenigen Worten machte er meinem Mann klar, dass diese Frau ihm viel mehr entgegengebracht hatte als wir. Er sagte etwas von wegen wir hätten ihm nicht die Füße gewaschen und ihn nicht gesalbt. So etwas Unverschämtes! Als wenn wir in diesem Raum diejenigen wären, die etwas falsch gemacht hatten! Da sollte er sich mal lieber an das kleine Flittchen halten!

Am Ende sagte er zu Johanna: „Deine Schuld ist dir vergeben. Dein Glaube hat dich gerettet. Geh in Frieden!" Irgendwie brachten wir den Abend noch zu Ende. Als Simon und ich später im Bett lagen, gab es noch viel zu bereden. Wir überlegten, wer dieser Jesus eigentlich wirklich ist und was er uns heute sagen wollte. Wir kamen zu keinem abschließenden Ergebnis. In einer Sache waren wir uns einig: Wer Jesus einlädt, kann große Überraschungen erleben.

Die Frau des Pharisäers und auch Simon selbst halten sich für besser als Johanna. Sie verurteilen sie für das, was sie tut, und denken schlecht über sie. Vielleicht hast du schon beim Lesen bemerkt, was die beiden noch nicht verstehen: Durch ihr Verhalten laden auch sie Schuld auf sich! Somit befindet sich mit Johanna nicht nur ein Mensch im Raum, der etwas falsch gemacht hat. Jesus will Simon nicht bloßstellen. Deshalb erzählt er dieses Gleichnis, um deutlich zu machen, dass auch dieser Fehler macht. In der Geschichte steht der Mann, der dem Geldverleiher 50 Silberstücke schuldet, für Simon. Der Mann, der 500 Silberstücke schuldig ist, soll Johanna sein. Den beiden erlässt der Geldverleiher ihre Schulden. Mit der Rolle des Geldverleihers hat Jesus sich selbst in das Gleichnis eingebaut. Er macht klar: Für ihn zählt nicht, wer mehr Schuld auf sich geladen hat. Für ihn ist viel wichtiger, dass ein Mensch seine Schuld einsieht und bekennt.

Vielleicht traust du dich in dieser Woche, wie Johanna zu Jesus zu kommen und ihm zu sagen, was du falsch gemacht hast. Du kannst dir sicher sein, dass er nicht schlecht über dich denkt. Er freut sich, dass du zu ihm kommst, und vergibt dir deine Schuld.

....

....

....

....

....

....

....

....

....

30. Susanna

LUKAS 8,1-3

Ich liebe es, wenn es dämmert und wir uns einen Platz suchen, an dem wir die Nacht verbringen können.
Sobald wir etwas gefunden haben, herrscht hektisches Treiben. Alle gehen ihren Aufgaben nach. Ein paar von uns suchen für die ganze Gruppe etwas zu essen. Andere machen Feuer. Maria, Johanna und ich schauen meistens zuerst nach einer Wasserquelle in der Nähe. Dort waschen wir uns den Staub der Reise vom Leib. Dabei quatschen wir die ganze Zeit darüber, was wir den Tag über erlebt haben. Es ist schön, Zeit unter uns zu haben, und ich bin dankbar, dass die Männer sie uns gönnen. „Die Predigt in dem kleinen Dorf heute fand ich sehr beeindruckend. Ich bin immer wieder fasziniert davon, wie Jesus es schafft, so verständliche Bilder für das zu finden, was er den Menschen sagen will." – „Ja, vor allem das Bild mit dem Sämann hat mich heute herausgefordert. Ich frage mich die ganze Zeit, ob wir jetzt wie Sämänner sind oder doch eher wie Körner, die noch aufgehen und wachsen müssen. Was denkt ihr?", fragt Johanna Maria und mich. „Ich denke, dass ich noch nicht so weit bin wie Jesus, die gute Botschaft von Gott weiterzusagen.

Ich höre lieber den ganzen Tag zu und sauge alles auf, was er sagt. Ich bin so dankbar, dass er uns Frauen auf Augenhöhe begegnet! Da habe ich echt schon andere Sachen erlebt. Aber Jesus behandelt uns gut. Bei ihm gibt es keinen Unterschied zwischen Männern und Frauen", antworte ich. Maria nickt zustimmend. „Ich werde ihm wohl überall hin folgen. Er hat mich von diesen furchtbaren Dämonen befreit, die jahrelang Besitz von mir ergriffen hatten. Das war eine dunkle Zeit. Sie ist wie ein drückender Schatten für mich gewesen. Es gab nichts Schönes in diesen Jahren. Ich bin Jesus so dankbar, dass er mich da rausgeholt hat. Jedes Mal, wenn wir Zeuge davon werden, wie durch Jesus ein Mensch geheilt oder gesund wird, bekomme ich eine Gänsehaut. Das sind bewegende Momente."

Wir schweigen eine Weile. Jede hängt ihren Gedanken nach. Wir alle wurden durch Jesus von bösen Geistern und Krankheiten geheilt. Für jede von uns war dies ein ganz besonderer Moment im Leben. Das Freiwerden und viel mehr das Freisein verbinden uns. Wir erinnern uns gegenseitig immer wieder daran, was durch Jesus möglich ist!

„Stimmt. Diese Momente sind wirklich ergreifend. Jesus hat einfach in jeder Situation den Überblick. Ich bewundere ihn sehr dafür und ich bin glücklich, dass ich mit ihm unterwegs sein kann. Ich weiß, dass ich nie so reden kann wie er. Wahrscheinlich würden uns viele Leute, vor allem die Männer, gar nicht zuhören. Da ist Jesus einfach anders! Richtig fortschrittlich ist er! Weil ich diese Sache so gut finde, unterstütze ich sie gerne mit dem, was ich habe." – „Sag mal, Johanna, vermisst du manchmal deinen Mann Chuzas?" – „Um ehrlich zu sein, habe ich gar nicht viel Zeit, um sentimental zu werden. Manchmal kommt mir vor dem Einschlafen sein Gesicht in den Sinn. Langsam verschwimmt es und ich frage mich, ob er wirklich noch so aussieht. Ich weiß nicht, wann wir uns wiedersehen. Dieses Opfer habe ich wie viele der Männer in unserer Gruppe gebracht. Mit Jesus mitzugehen bedeutet, manches von Bedeutung hinter sich zu lassen."

Ich schaue sie an. Sie ist wirklich eine Frau mit einem starken Willen. Auch Maria ist mir ans Herz gewachsen. Ich bin froh, dass wir Frauen die Chance bekommen, die Sache Gottes zu unterstützen.

„Hey, wo bleibt ihr? Es gibt Abendessen!" Einer der Männer ruft uns. Wir tauchen ein letztes Mal die Hände ins Wasser. Und dann tauchen wir wieder ein in das größte Abenteuer, das wir je erlebt haben und erleben werden: Das Leben mit Jesus!

Susanna wurde von Jesus von Dämonen frei gemacht. Sie ist ihm dafür so dankbar, dass sie ihr ganzes Leben umstellt und alles verlässt, um ihm nachzufolgen. Das kann man doch auch auf uns hier im ganz normalen Alltag beziehen: Wir haben alle Fehler und sündigen. Wir schaffen es häufig nicht, so zu leben, wie Gott es möchte. Aber er kann uns von unserer Schuld befreien und uns durch Vergebung ein ganz anderes Leben schenken, wenn wir ernsthaft eine Beziehung zu ihm aufbauen, also ihm nachfolgen.

Offensichtlich ist Susanna glücklich mit ihrem aktuellen Leben, weil sie in einer so guten Gemeinschaft ist. Es fasziniert sie, worüber Jesus spricht. In diesem Zusammenhang sagt sie dann auch, dass sie nie so sprechen wird wie Jesus. Vor allem denkt sie, dass sie als Frau vor Männern nicht die nötige Aufmerksamkeit bekäme.
Das ist in der heutigen Zeit zwar weniger ein Problem, trotzdem gibt es viele, die nicht gerne vor anderen sprechen, und über den Glauben zu sprechen, ist, finde ich, oft noch schwerer. Aber ich glaube, dass jeder auf seine Art die Botschaft von Jesus weitergeben kann, z. B. durch Nächstenliebe, Gebet, Musik, Entschlossenheit oder ganz anders. Du kannst Gott auch darum bitten, dass es dir leichter fällt, sein Wort weiterzusagen.
Laura, 16

....

....

....

....

....

....

....

31. Delila

LUKAS 8,40-42 UND 49-56; MATTHÄUS 9,18+19 UND 23-26; MARKUS 5,21-24 UND 35-43

Vor meinem 12. Geburtstag war ich sehr aufgeregt.
Meine Eltern hatten mir erlaubt, die Party auf unserem Flachdach zu feiern. Mit Feuereifer stürzte ich mich mit meiner besten Freundin Rebekka in die Vorbereitungen. Wir bastelten Lampions, übten Tänze und hatten richtig viel Spaß. Manchmal dachte ich auch daran, dass dies vielleicht mein letztes Geburtstagsfest zu Hause sein würde. Einige meiner Freundinnen waren schon verheiratet. Bei mir würde es wohl auch nicht mehr lange dauern. Ob Kaleb mich heiraten wollte? Er hatte einfach das schönste Lächeln in ganz Galiläa.

Kurz vor meinem Geburtstag wurde ich krank. Ich ärgerte mich und hoffte, bis zur Party wieder gesund zu werden. Mama gab ihr Bestes und verwöhnte mich mit Granatapfelsaft und getrockneten Früchten. Obwohl ich die für mein Leben gerne esse, bekam ich einfach nichts mehr runter. Schon wenn ich Essen ansah, wurde mir schlecht. Ich spürte, wie ich jeden Tag schwächer wurde. Nicht mal der Arzt konnte mir helfen.

Meine Träume von der besten Geburtstagsparty der Welt und einer wunderschönen Hochzeit gerieten in weite Ferne. Jeden Morgen war es mein Ziel, einfach nur den Tag zu überstehen. Nach drei Wochen bestand ich nur noch aus Haut und Knochen. Ich spürte, dass meine Kraft zu Ende ging. Mama merkte es auch. Ich höre sie mit Papa diskutieren: „Jesus ist hier im Dorf. Er hat schon so vielen Menschen geholfen. Bitte geh zu ihm, vielleicht kann er Delila helfen." – „Ich vertraue ihm nicht", antwortete mein Vater. „Dann tu es nicht für dich, sondern für deine Tochter!", flehte Mama ihn an. „Na gut. Ich werde ihn holen."

„Delila, Papa holt Jesus hierher. Er wird dich gesund machen." Das waren die letzten Worte meiner Mutter, die ich gehört habe. Ich schloss meine Augen und wartete. Doch Jesus kam nicht. Stattdessen bin ich gestorben. Das ist kein Spaß! Ich war tot.

Bis ich eine Stimme hörte, die meinen Namen rief: „Delila, steh auf!" Sofort konnte ich meine Arme und Beine bewegen. Alles fühlte sich wie neu und gut an. Ich war gesund. Schnell stand ich auf. Jesus ordnete an, dass ich etwas zu essen bekommen sollte. Meine Eltern waren dazu nicht in der Lage. Sie mussten erst mal ausflippen. Während sie mich beide umarmten, konnte ich nur noch grinsen. Jesus hatte mir mein Leben wieder geschenkt. Durch ihn bin ich und damit auch meine Träume wieder lebendig geworden. Wir werden erst mal meine Geburtstagsparty und hoffentlich bald auch meine Hochzeit mit Kaleb feiern.

Delila hat, wie jedes andere Mädchen, große Träume. Wenn sie mit ihren Freundinnen darüber spricht, kichern sie und freuen sich auf die Zukunft. Doch dann wird sie krank. Niemand kann verhindern, dass es ihr immer schlechter geht. Schließlich stirbt sie. Nur Jesus kann ihren verzweifelten Eltern helfen. Er kommt zu Delila nach Hause und macht sie wieder lebendig! Er ist stärker als der Tod. Mit seiner göttlichen Kraft holt er sie ins Leben zurück. Diese Geschichte hört sich fast an wie ein Traum, oder? Wie wirkt sie auf dich?

Manchmal passiert es vielleicht auch in deinem Leben, dass Träume nicht in Erfüllung gehen. Das liegt wahrscheinlich nicht daran, dass du stirbst, aber vielleicht daran, dass du krank wirst oder andere Dinge dazwischenkommen. So kommt es, dass deine Träume in weite Ferne rücken und du anfängst, sie zu begraben. Wenn das geschieht, musst du nicht aufhören, dir etwas zu wünschen. Du darfst dir weiterhin Dinge ausmalen, verrückt sein und Träume haben. Jesu Idee für dein Leben ist allerdings nicht, dir alles ganz genau so zu erfüllen, wie du es dir wünschst. Aus eigener Erfahrung weiß ich, dass das auch nicht gut wäre. Seine Idee ist, mit dir zu leben und für dich da zu sein. Wenn du verzweifelt oder traurig bist, spricht er mit seiner göttlichen Kraft in dein Leben hinein: (Hier kannst du deinen Namen einsetzen)

„• •,
steh auf! Wenn du willst, machen wir zusammen weiter."

....

....

....

....

....

....

....

32. Jael

MARKUS 5,25-34; MATTHÄUS 9,19-22; LUKAS 8,43-48

VERZWEIFLUNG!

Ich kann einfach nicht mehr und will auch nicht mehr! Seit zwölf Jahren habe ich immer wieder investiert, gehofft und gebangt. Und dann bin ich doch wieder bitter enttäuscht worden. Als ich an einem Morgen vor zwölf Jahren aufgewacht bin und meine Beine und mein Laken verkrustet von Blut waren, habe ich mir nicht groß etwas dabei gedacht. Das kann schon mal vorkommen, wenn man eine Frau ist. Ich habe mich gewaschen und weitergemacht. Nach ein paar Tagen wiederholte sich das Ereignis. Ich wurde misstrauisch. Als die Blutungen schließlich täglich mehrere Male kamen, ging ich zum Arzt. Für viel Geld konnte er mir erstaunlich wenig helfen. Er schickte mich zum nächsten. Der hatte auch keine Idee. So begann ein Ärztemarathon. Obwohl ich immer wütender und verzweifelter wurde, steckte ich mein ganzes Geld in die Medizin. Jetzt habe ich keins mehr. Ich bin arm, unrein, allein und am Ende meiner Kräfte. Jeden Tag ertrage ich Schmerzen. Ich ekel mich vor mir selbst.

EIN HOFFNUNGSSCHIMMER! Plötzlich ist da wieder etwas. So was wie ein kleines Licht, das in der Dunkelheit aufleuchtet. Das liegt an ihm – Jesus. Von ihm habe ich gehört, dass er gesund macht. Und jetzt ist er da. Er zieht durch meinen Heimatort. Ich muss ihn finden. Er muss mir helfen. Schnell wechsle ich mein Gewand. Dann stürzte ich los – mitten in die Leute hinein, die Jesus folgen. Wenige bemerken mich. Ihre angeekelten Blicke tun weh. Aber jetzt kehre ich nicht mehr um.

ANGST! Was ist, wenn er mir nicht helfen kann? Wenn auch er mich abstoßend findet? Was mache ich, wenn sich auch meine allerletzte Hoffnung zerschlägt? Diese Fragen prasseln auf mich ein. Ich atme ganz flach vor Anspannung. Ich finde keine Antwort auf meine Zweifel. Ich verdränge sie. Dann sehe ich Jesus vor mir. Er steht mit dem Rücken zu mir. Sein Gewand schleift etwas am Boden. MUT! Das werde ich berühren. Wenn nur ein Bruchteil der Geschichten über ihn stimmt, dann wird das reichen, um gesund zu werden. Ich habe nichts zu verlieren. Und ich kann alles gewinnen. Also wage ich es. Ich greife zu und ...

... ERLEICHTERUNG! Im nächsten Moment geht ein kleines Zittern durch meinen Körper. Von oben nach unten fließt eine wohlige Wärme. Ich spüre es überall: Ich bin gesund. Die Quelle des Blutes ist versiegt. Ich genieße ein paar Sekunden dieses Gefühl. Dann höre ich Jesus fragen: „Wer hat mich angefasst?" Er bleibt stehen.

RESPEKT! Auch die um ihn herum kommen zum Stillstand. Sie zucken mit den Schultern. „Herr, bei der Masse passiert es schnell, dass dich einer berührt", sagt einer. Doch Jesus lässt sich nicht beirren. Er hat wie ich gemerkt, dass eine heilende Kraft von ihm ausgegangen ist. Genau das erklärt er seinen Begleitern. Ich merke, dass ich nicht länger anonym bleiben kann. Mit zitternden Knien falle ich vor ihm nieder. Ich sage vor allen, warum ich ihn berührt habe: „Ich wollte so gerne gesund werden! Genau das bin ich jetzt auch. Ich bin das los, was mich schon so lange gequält hat!" Ein Raunen geht durch die Menge. Jesus hilft mir auf. „Meine Tochter", sagt er zu mir. „Dein Glaube hat dir geholfen. Gehe in Frieden." Das tue ich. Geheilt, befreit und voller Freude gehe ich nach Hause.

Für jemanden, der ab und zu mal Schnupfen, Husten und ein bisschen Fieber hat, ist es unvorstellbar, wie es sich anfühlt, so lange krank zu sein. Das wünscht man niemandem. Vor allem nicht solche Blutungen. Sie sind nicht nur unangenehm und wahrscheinlich auch schmerzhaft, sie machen einen Menschen mit jüdischem Glauben unrein. Er ist vom religiösen Alltag ausgeschlossen und somit auch sonst ziemlich isoliert. Genau das erlebt Jael. Und das nicht nur eine kurze Zeit, sondern zwölf Jahre. Jeden Tag muss sie mit dem leben, was sie so gerne loswerden will. Keiner kann ihr helfen. Keiner, bis auf Jesus. Nur den Saum seines Gewands muss sie berühren, dann ist sie geheilt. Er hat Macht. Er kann wirken. Er macht frei! Jael darf durch ihn loswerden, was sie schon so lange quält.

Wie ist das da bei dir? Gibt es in deinem Leben etwas, was dich belastet? Was dich verfolgt? Das an dir zu kleben scheint? Etwas, das du nicht loswirst, obwohl du es schon oft versucht hast? Du darfst genau das zu Jesus zu bringen. Du kannst es ihm erzählen und geben. Nichts hat so viel Macht über dich, dass er es nicht besiegen kann! Bei ihm kannst du körperlich gesund und an deinem Herzen heil werden. Manchmal hilft es, gemeinsam mit einem Menschen den Schritt auf Jesus zuzumachen. Du kannst ja mal überlegen, mit wem du das gerne machen würdest. Ich wünsche dir Gottes Segen dafür.

....

....

....

....

....

....

....

33. Maria, Marthas Schwester

LUKAS 10,38-42

„Ich mache euch frei. Wenn ihr meinen Worten Glauben schenkt, dann gehört ihr zu mir. Ihr könnt dann die Wahrheit erkennen und diese Wahrheit wird euch frei machen."

Ich hätte ihm stundenlang zuhören können. Wenn Jesus in der Gegend war, bin ich bis jetzt immer hingegangen. Doch heute hatte meine Schwester Martha die grandiose Idee, ihn zu uns nach Hause einzuladen.

Jesus hat die Einladung gerne angenommen. Seit ein paar Stunden sitzt er in unserer Wohnstube. Weil alle Plätze schnell belegt waren, habe ich mich in die Nähe von Jesus auf den Boden gesetzt. Eigentlich finde ich das ziemlich ungemütlich. Weil Jesus aber so viel Gutes erzählt hat, habe ich gar nicht mitbekommen, dass ich hier schon voll lange sitze. Ich versuche mir aufmerksam jedes Wort zu merken, das er sagt. Leider gelingt mir das nicht besonders gut. Trotzdem habe ich schon einige wertvolle Erkenntnisse gewinnen können. Es tut total gut, jemandem einfach nur zuzuhören. Vor allem, wenn dieser Jemand so viel Tiefgründiges zu sagen hat wie Jesus.

Aus dem Augenwinkel sehe ich, wie Martha sich mal wieder durch die Leute zwängt, um ihnen etwas zum Trinken anzubieten. Erstaunt registriere ich, wie sie ihre Augen zusammenkneift. Sie sieht mega gestresst aus! Als alle etwas zu trinken haben, geht sie auf Jesus zu. Sie deutet mit dem Finger auf mich. Dann platzt es aus ihr heraus: „Herr, findest du es nicht auch ungerecht, dass meine Schwester mich alles machen lässt?! Sag ihr, dass sie mir helfen soll!!" Ach so, daher weht der Wind. Ich bin mal wieder zu faul für sie. Sie fühlt sich ausgenutzt. Ich habe ihr nicht gesagt, dass sie die ganze Zeit schuften soll! Voll nervig, dass sie nie eine Pause machen kann! Ich verdrehe innerlich die Augen während Martha Jesus herausfordernd ansieht.

Er antwortet ihr: „Martha, Martha. Dein Kopf ist voller Gedanken. Du machst dir viele Sorgen. Aber nur eine Sache ist wirklich notwendig! Maria hat das erkannt und zugehört. Das wird ihr niemand mehr nehmen können."

Auch wenn ich finde, dass Jesus recht hat, tut Martha mir leid. Ich sehe, wie sie mit den Tränen kämpft, die ihr in die Augen schießen. Ihre Schultern hängen nach unten. Was Jesus gerade zu ihr gesagt hat, trifft sie sehr. Jetzt rollt ihr eine Träne über die Wange. Verstohlen wischt sie sie weg. Jesus hat mit den wenigen Worten ihre Grundsätze angegriffen und sie ins Wanken gebracht. Sie geht hinaus.

Ich erhebe mich leise und folge ihr. Wahrscheinlich werden wir heute noch lange miteinander reden. Durch Jesu Worte, die ich den ganzen Tag hören durfte, fühle ich mich gestärkt und bereit, meiner Schwester in ihren Fragen und Zweifeln, in ihrer Wut und Trauer zur Seite zu stehen.

Ich glaube, ich bin auch oft wie Martha. Ich will es Leuten recht machen. Ich will, dass Leute meinen Fleiß und meine Leistung anerkennen und mich loben. Vor allem will ich gut sein. Ich will, dass alle mich lieben. Deshalb kann ich auch oft nicht still sitzen, sondern habe immer etwas zu tun.

In der Geschichte kommen auf einmal Maria und Jesus daher und erzählen etwas von ruhig sein und still werden. Als ob das so einfach gehen würde! Wo kommen wir denn da hin, wenn es alle so machen würden wie Maria?

Ist doch interessant, dass das Verhalten von Maria so ein Stressfaktor für Martha (und übrigens auch für mich) ist. Warum? Vielleicht weil sie ahnt, dass sie es auch gerne so machen würde wie ihre Schwester. Und die traut sich, einfach alles andere mal „sein" zu lassen. Die hört Jesus zu. Die gönnt sich eine Auszeit bei ihm. Vor allem geht sie gestärkt durch diese Zeit wieder in ihren Alltag hinein.

Wie wäre es, wenn wir diese Woche versuchen, uns ebenso wie Maria solche Auszeiten zu gönnen? Ruhe bei Gott, Ruhe von allem anderen. Das kann wohltuend sein. Lass es uns ausprobieren!

....

....

....

....

....

....

....

....

....

34. Martha

LUKAS 10,38-42

Wie konnte ich nur so bescheuert sein und Jesus mit seinen ganzen Jüngern zu uns einladen? Sie sitzen gefühlt seit Stunden bei uns im Wohnzimmer. Jesus erzählt und erzählt. Sie zeigen keine Anzeichen dafür, dass sie bald wieder gehen.

Aber ich kann nicht mehr! Ich wollte, dass alles perfekt ist. Also habe ich, schon bevor sie gekommen sind, wie eine Wilde geputzt und gebacken. Dabei hat mir meine Schwester Maria wenigstens noch geholfen. Doch seit es hier in der Küche richtig zur Sache geht, ist sie nicht mehr aufgetaucht. Es fällt mir immer schwerer, alles im Griff zu haben. Die benutzten Teller und Gläser stapeln sich, wir haben kaum noch Wasser und Gebäck. Mein Fräulein Schwester sitzt faul bei unseren Gästen. Und ich? Ich renne ständig zwischen Küche und Wohnzimmer hin und her. Irgendjemand muss den Laden ja am Laufen halten!

Meine Füße schmerzen. Ich würde am liebsten eine Pause machen. Die Schürze ausziehen, mich waschen und anschließend hinlegen. Vielleicht noch ein paar Orangenscheiben als Erfrischung ... ach, das wäre schön. Stattdessen muss ich weitermachen. Gerade fragt mich wieder jemand, ob er etwas zu trinken haben kann. Am liebsten würde ich ihn anbrüllen: „Hol dir doch selbst etwas!" Im letzten Moment ringe ich mich zu einem gequälten Lächeln durch. Zurück in der Küche, lehne ich mich an einen Schrank.

Plötzlich spüre ich, dass Wut wie kochendes Wasser in mir hochsteigt. Sie ist hitzig. Sie trifft mich knallhart. Sie wird mich meine letzte Energie kosten. Aber das ist mir gerade egal! Es gibt nur noch einen Gedanke: MARIA. Wieso hilft sie mir nicht? Sieht sie nicht, dass ich mich allein gelassen fühle? Der werde ich jetzt die Meinung sagen! Ich stehe schon vor dem Wohnzimmer, als mir ein neuer Einfall kommt: Ich werde nicht Maria rausholen, sondern mich bei Jesus über sie beschweren. Dann kriegt der auch gleich mit, dass sie mich im Stich gelassen hat. Energisch gehe ich durch den Raum auf Jesus zu. „Herr, macht es dir nichts aus, dass meine Schwester mich alles alleine machen lässt? Sag ihr doch, dass sie mir helfen soll!" Es ist ganz still im Raum. Die Anspannung ist fast greifbar. Ich spüre, wie meine Wut nachlässt. Auf einmal begreife ich, was ich gemacht habe. Jetzt wissen alle, dass ich es nicht mehr alleine schaffe. Ich habe mich völlig blamiert! Als wenn das nicht schon reichen würde, antwortet Jesus ganz anders, als ich mir das ausgemalt habe. Er schickt Maria nicht in die Küche. Er gibt mir auch nicht Recht. Er sieht mich an und sagt: „Martha, Martha! Du bist so besorgt und machst dir über alles Gedanken. Aber nur eins ist wichtig! Maria hat das Bessere erwählt, das wird ihr niemand wegnehmen!"

Schon bevor Jesus ausgeredet hat, drehe ich mich um. Ich will so schnell wie möglich aus diesem Raum. Jesus hat mich sehr getroffen. Er hat mir mit seinen Worten die letzte Energie genommen. Tränen laufen über mein Gesicht. Ich weiß nicht genau, wie ich in die Küche gekommen bin. Dort kauere ich mich auf den Boden. Ich ziehe meine Beine zu mir heran. Mein Kopf sinkt darauf und ich weine hemmungslos. Es tut weh, diese Worte zu hören. Ich weiß gerade gar nicht, wie ich sie finden soll. Erst mal weine ich meine ganze Erschöpfung, Wut und Enttäuschung heraus.

Auf einmal legt jemand seinen Arm um mich. Ohne aufzublicken, weiß ich, dass Maria gekommen ist. Ich bin zu schwach, um ihren Arm abzuschütteln. Ich will es auch gar nicht. Es tut gut, dass sie da ist. Wenn ich ausgeschlafen bin, werden wir uns aussprechen. Und ich werde über die Worte von Jesus ernsthaft nachdenken. Jetzt brauche ich erst mal ganz dringend viel Schlaf. Emotionen machen müde!

Steht alles an seinem Platz? Sieht alles ordentlich und sauber aus? Schmeckt der Kuchen überhaupt? Was ist, wenn sie ihn nicht mögen? Viele Gedanken schießen Martha durch den Kopf. Sie nehmen sie ein, fast schon gefangen. Am liebsten möchte sie alles perfekt machen. Perfekt sein. An diesem zu hohen Anspruch scheitert sie. Es gibt kein „Perfekt". Selbst bei exakter Planung geht etwas daneben. Selbst wenn man sich lange zusammenreißt, rastet man irgendwann aus. Maria und Jesus haben das erkannt. Sie machen sich keinen Sorgen oder Stress. Sie sind entspannt. Jesus macht Martha auf ihren Perfektionismus aufmerksam. Er sagt ihr, dass eine Sache viel wichtiger ist: Mit Jesus leben. Seine Nähe suchen. Siehst du das auch so?

Martha macht diese Erfahrung: Wenn eigene Verhaltensmuster und Lebenseinstellungen entlarvt und ehrlich angesprochen werden, tut das weh. Es kostet Kraft und Einsicht. Denkst du, dass es sich trotzdem lohnt, zu reflektieren und/oder etwas zu ändern?

....

....

....

....

....

....

....

....

....

35. Tabea

LUKAS 15,8-10

Wo ist er nur hin?

Immer wenn ich denke, dass ich ihn an einem bestimmten Ort entdecke und anschließend dort suche, werde ich enttäuscht. Ich habe bestimmt schon zweimal mein komplettes Haus durchkämmt. Leider ohne Erfolg – er bleibt verschwunden.

Was ich suche? Einen meiner zehn wertvollen Silbergroschen. Vor ein paar Tagen hatte ich sie noch alle beieinander. Heute Morgen ist mir dann aufgefallen, dass eines der Geldstücke weg ist. Aber das kann sich doch nicht in Luft aufgelöst haben! Ich habe mir so viel Mühe gegeben, dieses Geld zu sparen. Monatelang hat es gedauert, bis mein Vermögen so groß geworden ist. Es ist sehr kostbar für mich. Ich kann den Verlust jetzt nicht einfach akzeptieren! Ich will mein Geldstück unbedingt wiederhaben.

Am meisten stört mich, dass ich mich nicht genau erinnern kann, wo ich das Geld zum letzten Mal gezählt habe. War es am Esstisch oder doch auf der Anrichte in der Küche gewesen? „Du vergessliche Kuh!", schimpfe ich mich selbst. Doch ich gebe noch nicht auf. Ich zünde mir noch mehr Kerzen an. Nachdem die Räume heller geworden sind, hole ich mir einen Besen und beginne, noch mal unter allen Möbelstücken zu kehren. „So sauber war es bei mir schon lange nicht mehr", denke ich. Schließlich bleibt noch das Wohnzimmer übrig. Schwungvoll fege ich alle Ecken aus. Als ich eine kurze Pause mache, sehe ich es hinter dem Sofa funkeln. Eine Kerze wirft einen schwachen Schimmer auf meinen verlorenen Groschen. Da ist er ja! Vor Freude mache ich einen kleinen Luftsprung. Dann hebe ich meinen wertvollen Besitz auf und bringe ihn zurück zu den anderen Geldstücken. Ich bin so glücklich, dass ich diesen Moment mit jemandem teilen muss. Schnell gehe ich von Haustür zu Haustür und rufe Tamara, Lea, Lucy und Martha zusammen. Sie folgen mir gespannt in mein Haus. „Ich habe meinen Silbergroschen gefunden, den ich verloren hatte!", verkündige ich ihnen aufgeregt. Meine Mädels wissen, was mir meine Ersparnisse bedeuten. Sie klatschen in die Hände und nehmen mich in den Arm. Es tut so gut, Leute zu haben, die sich ehrlich mitfreuen können.

Zur Feier des Tages backen wir gemeinsam einen Kuchen und lassen ihn uns auf meiner Dachterrasse schmecken. Dankbar sehe ich der Sonne beim Untergehen zu. „Heute werde ich bestimmt gut schlafen", denke ich.

Jesus erzählte einmal diese Geschichte. Er wollte durch die intensive Suche der Frau deutlich machen, wie wichtig wir für Gott sind. Er hält ebenfalls Ausschau nach uns, wenn wir verloren gehen. Wie die Frau, feiert er ein Fest im Himmel, wenn jemand neu oder wieder zu ihm kommt. Er hat Sehnsucht nach dir. Du liegst ihm am Herzen. Deinetwegen ist er bereit, ganz schön viel auf den Kopf zu stellen.
Bist du bereit, dich von ihm finden zu lassen?

....

....

....

....

....

....

....

....

....

....

....

....

....

36. Damaris

Scham. Sie stellen mich bloß. Ich kann nicht mehr. Am liebsten würde ich im Boden versinken. Meine Situation ist aussichtslos.

Halb nackt, mit zerzausten Haaren und Schlaf in den Augen stehe ich im Tempel von Jerusalem. Ich bin nicht freiwillig hier. Schriftgelehrte und Pharisäer, Männer, mit denen ich schon in der Schule war, haben mich im Morgengrauen hierher geschleift. Sie zeigen mit ihren Fingern auf mich und klagen mich an: „Lehrer, diese Frau ist auf frischer Tat beim Ehebruch ertappt worden." Was sie sagen, stimmt. Ich habe diese und viele weitere Nächte davor nicht mit meinem Ehemann verbracht. Stattdessen war ich bei ihm. Er fasziniert mich. Er zieht mich an. Es hat einen großen Reiz, etwas Verbotenes zu tun. Mit der Zeit sind wir unvorsichtiger geworden. Was wir immer

vermieden haben, ist gestern passiert: Ich bin in seinem Bett eingeschlafen. So haben uns die Männer vorgefunden und nicht
lange gefackelt. „Los, mitkommen!" Als ich mich wehre, packen
sie fester zu. Sie lassen nicht locker, bis sie mich im Tempel vor
Jesus schupsen. Ich schäme mich so sehr. Darauf nimmt keiner
Rücksicht. Erbarmungslos klagen sie mich weiter an: „Im Gesetz
von Mose steht, dass solche Frauen wie sie gesteinigt werden
sollen. Was sagst du dazu?"

Panik. Sie tun mir weh. Ich kann nicht fliehen. Am liebsten wäre
ich weit weg. Meine Situation ist lebensbedrohlich.

Ängstlich warte ich auf den ersten Stein. Ob es sehr wehtun
wird? Als nichts passiert, hebe ich meinen Kopf, um zu schauen,
was los ist. Was ich sehe, erstaunt mich: Jesus kniet auf dem Boden und schreibt mit dem Finger auf die Erde. Er lässt sich Zeit.
Die Männer werden unruhig: „Jesus, was sollen wir jetzt mit ihr
machen!?" Er steht auf und antwortet ihnen: „Wer von euch ohne
Schuld ist, soll den ersten Stein auf sie werfen." Nachdem er das
gesagt hat, beugt er sich wieder auf den Boden und schreibt.

Todesangst. Sie werden mich töten. Ich kann das nicht länger
ertragen. Am liebsten wäre ich schon tot. Meine Situation ist
hoffnungslos.

Ich kneife die Augen zusammen und warte. Und warte. Doch es
passiert nichts. Ich höre immer mehr Schritte, die sich entfernen.
Schließlich öffne ich meine Augen. Ich sehe nur noch Jesus, der
immer noch am Boden kniet. Alle anderen sind gegangen. „Frau,
wo sind sie?", fragt Jesus mich. Das würde mich auch interessieren. Ich bin viel zu verwirrt, um zu antworten. Jesus fragt: „Hat
dich niemand verurteilt?" – „Niemand, Herr", flüstere ich. Es ist
wahr. Ich lebe. Er spricht weiter: „Ich verurteile dich auch nicht.
Du kannst gehen. Aber tue von jetzt an kein Unrecht mehr."
Erleichterung. Keiner stellt mich mehr bloß, tut mir weh oder will
mich töten. Ich kann neu anfangen. Am liebsten würde ich so
leben, wie Jesus es mir gesagt hat. Meine Situation ist neu. Jesus
hat mich nicht verurteilt. Er hat mir vergeben. Gott sei Dank!

Auch wenn wir es nicht gerne zugeben: Jeder von uns macht Fehler. Wenn es passiert, machen wir uns selbst Vorwürfe. Andere klagen uns dafür an. Wir müssen uns mit dem, was wir falsch machen, nicht vor Jesus schleifen lassen. Wir dürfen ganz freiwillig zu ihm kommen. Bei Gott dürfen wir bekennen, dass wir gesündigt haben. Er verurteilt uns nicht. Er vergibt uns. Durch seine Vergebung können wir wie Damaris jeden Tag neu anfangen. Wir sind befreit! So können wir sogar anderen vergeben, die uns schlecht behandelt haben.

Hier noch ein Tipp: Manchmal habe ich keine Worte für das, was ich getan habe oder in mir ist. Da helfen mir Sätze, zum Beispiel aus Psalm 51,1-14, Psalm 103,1-5, Psalm 130,1-8 oder aus der Geschichte des verlorenen Sohns (Lukas 15,21), um Gott zu sagen, dass es mir leidtut. Vielleicht hilft es dir auch, dir Worte zu leihen. Du kannst es gerne mal ausprobieren.

....

....

....

....

....

....

....

....

....

....

37. Milka

JOHANNES 9,1-41

„Milka, komm schnell!"
Mein Mann Elias hörte sich gestresst an. Ich fragte mich, was ihn aus der Ruhe brachte, und eilte zu ihm. „Was ist denn los?" – „Die Pharisäer rufen nach uns. Sie wollen uns befragen." – „Befragen? Wozu denn? Es ist doch nichts Schlimmes passiert, oder?" – „Ich kann mir selbst noch nicht genau erklären, wieso sie mit uns sprechen wollen. Anscheinend kann Jonathan sehen!" – „Was?!" Ich traute meinen Ohren nicht. Unser Sohn Jonathan ist von Geburt an blind. Es war nie leicht gewesen für ihn und uns. Viele sahen in seiner Blindheit eine Strafe Gottes. Das hat mich immer sehr verletzt. Weder wir noch Jonathan selbst konnten etwas dafür, dass er nicht sehen konnte! Und das sollte jetzt auf einmal vorbei sein?
„Wie ist das möglich?", fragte ich meinen Mann. „Ich erzähle dir auf dem Weg zu den Behörden, was ich weiß. Es klang dringend!" Schnell schwang ich mein Schultertuch über. Dann liefen wir durch die vertrauten Gassen unserer Stadt und Elias berichtete atemlos: „Jonathan hat Jesus getroffen. Der hat ihm einen Brei auf die Augen geschmiert und er sollte es abwaschen. Jetzt kann

er sehen!" – „Kann das wirklich wahr sein?", zweifelte ich. „Also wenn wir so dringend gerufen werden, muss schon etwas dran sein!" Elias hatte recht. Seine Worte beflügelten mich. Alles fühlte sich federleicht an. Ich schwebte durch die Gassen. Jonathan, mein geliebter Jonathan würde das jetzt auch alles sehen können. Endlich durfte er sein Zuhause richtig kennenlernen. Und er würde mich, seine Mutter, zum ersten Mal nicht nur berühren, sondern auch sehen können. Auf einmal war ich ganz aufgeregt. Ich wollte lieber zu unserem Sohn als zu den jüdischen Behörden gehen. Wo steckte Jonathan überhaupt?

Als wir am Gebäude ankamen, zu dem wir bestellt worden waren, beantwortete sich meine Frage von selbst. Da stand mein brauner Lockenkopf und strahlte uns an. Elias und ich rannten das letzte Stück auf ihn zu. Wir umarmten ihn und küssten ihn. Er weinte und schaute uns an. Seine Augen waren nicht mehr milchig, sondern klar und wunderschön braun. „Mama, Papa, das wird nicht leicht für euch. Sie sind richtig sauer!" Mit diesen Worten erinnerte Jonathan uns an unsere Vorladung. Schweren Herzens ließ ich meinen Sohn los und folgte ihm und Elias hinein zu den Pharisäern. Sie saßen alle in einer Reihe nebeneinander und schauten uns mit ernsten Gesichtern an. Wir sollten Platz nehmen. Jonathan blieb am Rand stehen. „Ist das euer Sohn? Ihr behauptet doch, dass er von Geburt an blind war. Wieso kann er jetzt sehen?", fragte einer von ihnen. Elias und ich sahen uns an. Mein Mann antwortete: „Wir wissen nicht, wieso er sehen kann. Wir wissen auch nicht, wie das alles genau passiert ist! Fragt ihn doch selbst, er ist alt genug. Er kann für sich selbst sprechen!" Ich verstand, wieso Elias so ausweichend antwortete. Und ich begriff auch, dass das Augenlicht meines Sohnes nicht nur Gutes bedeuten konnte. Die Pharisäer mochten Jesus nicht – und der hatte Jonathan geheilt. Um nicht mit ihm in Verbindung gebracht zu werden, hatte Elias seine Worte mit Bedacht gewählt. Schon nach ein paar Minuten war unser Verhör vorbei. Sie hatten nicht mehr aus uns herausbekommen und uns weggeschickt.

Erleichtert und besorgt zugleich traten wir hinaus. Erleichtert, dass dieses Wunder geschehen war. Niemals hätte ich das noch für möglich gehalten. Besorgt, weil Jonathan bei den Pharisäern bleiben musste und weiter verhört wurde. Wie es wohl weiter ging? Ich hoffte und betete auf dem Heimweg, dass alles ein gutes Ende nehmen würde!

Es ist schon ein ziemliches Geschenk, endlich sehen zu können. Du musst dir mal überlegen, welche Arbeit unsere Augen eigentlich jeden Tag leisten und wie schwer es wäre, blind den Alltag zu durchleben. Wir haben beim Zeltlager mal so eine Übung gemacht: Wir haben am Morgen, gleich nach dem Wecken der Mädels, jeder eine Augenbinde aufgebunden. Sie durften sich dann alle blind fertig machen und frühstücken kommen. Natürlich alles freiwillig. Sie durften jederzeit die Augenbinde abnehmen. Man hat aber gesehen, wie krass man dann auf Hilfe angewiesen ist, wenn man nichts sehen kann.

Ich kann verstehen, wie schwer das für Milka war, und ich kann auch verstehen, wie sehr sie sich gefreut hat, als ihr Sohn Jonathan endlich sehen konnte.

Denkt mal dran wie es für euch sein würde, wenn ihr von Geburt an blind wäret. Ihr wüsstet nicht, wie ihr, eure Eltern, eure Geschwister oder Freunde aussehen. Ihr wüsstet nicht, wie eine Katze oder die Farbe des Himmels aussieht. Man kann so was bestimmt behandeln. Wenn nicht jetzt, dann irgendwann in der Zukunft. Aber damals war es schon ziemlich krass, dass auf einmal jemand, der nicht sehen konnte, wusste, wohin er laufen kann. Es war fast wie Magie. Deswegen sind die Pharisäer auch so misstrauisch gewesen. Sie haben einfach schon vermutet, dass es „dieser Jesus" war.

Was denkst du über diese „Magie"? Denkst du, die heutige Technik ist so eine Magie?

Glaubst du daran, dass Krankheiten oder Behinderungen geheilt werden können?

Wie findest du unseren technischen Fortschritt? Bist du genauso misstrauisch wie die Pharisäer?

Jessica, 16

....

....

....

....

....

38. Chaja

Hmm, ich liebe den Duft von selbst gebackenem Brot.
Da läuft mir immer das Wasser im Mund zusammen. Man schiebt den vorbereiteten Teig auf die heißen Steine und nach und nach riecht das ganze Haus verführerisch nach diesem Gebäck. Meine Familie liebt es, wenn Backtag bei uns zu Hause ist.
Zuerst treffen meine Freundinnen und ich uns, um gemeinsam Mehl zu mahlen. Während wir die Körner mit Steinen zerstoßen, tauschen wir die Neuigkeiten aus der Umgebung aus. Dabei kann es schon mal sehr laut zugehen. Immer wieder schauen auch unsere Töchter vorbei, um uns bei der Arbeit zu helfen. Nach ein paar Stunden trennen wir uns wieder. Jede von uns kann dann einen Sack voll Mehl mit nach Hause nehmen.

Dort angekommen, beginne ich meistens direkt mit dem Zubereiten der Brote. Zuerst schaue ich nach dem kleinen Rest Teig, den ich beim letzten Backen aufgehoben habe. In der Regel ist diese kleine Menge sauer geworden. Das bedeutet nicht, dass sie ungenießbar geworden ist. Es ist elementar wichtig, dass genau das passiert. Diese kleine Menge wird später die Brote schmackhaft und saftig machen. Den kleinen Sauerteig fülle ich in eine Schüssel und gebe Wasser hinzu. Jetzt kann er noch etwas gären.

Während dieser Teig ruht, bereite ich eine große Menge Mehl vor, die die Grundlage der Brote bildet. Dann schaue ich nach dem kleinen Teig. Wenn er leicht säuerlich riecht und Blasen wirft, ist er bereit zur Weiterverarbeitung.

Ich füge ihn zur großen Masse Mehl dazu. Dann beginne ich zu kneten. Jedes Mal bin ich neu davon fasziniert, wie so ein kleiner Anteil Sauerteig genügt, um das ganze Mehl zu durchsäuern. Wenn der Teig gut vermischt ist, nehme ich ihn aus der Schale und forme Brotlaibe daraus. Als Letztes lasse ich wieder einen kleinen Rest übrig, um damit in ein oder zwei Wochen erneut das Brot zu verfeinern und schmackhaft zu machen. Dieser Rest ist sehr wichtig für mich. Da darf keins meiner Familienmitglieder dran. Die geben sich aber auch gerne mit dem frisch gebackenen, warmen Brot zufrieden. Wir genießen das gemeinsame Essen und die Gespräche sehr. Alle lassen es sich gut schmecken. Also dann, guten Appetit!

Den Vorgang des Zubereitens von Sauerteig beschreibt Jesus in der Bibel. Er verwendet diese kleine Geschichte rund um die Frau und ihre Backkünste, um etwas über das Reich Gottes zu sagen. Sein Reich beginnt, wie dieser unscheinbare Sauerteig, klein und unauffällig. Es beginnt zum Beispiel durch ein Gespräch, ein Gebet und dadurch, dass sich jemand für einen hilfsbedürftigen Menschen einsetzt.

Es beginnt auch durch Dinge, die du und ich tun können. Dort, wo wir durch Jesus wirken und für ihn unterwegs sind, bauen wir mit an seinem Reich. Wo Menschen Jesus für sich annehmen, gewinnt das Reich Gottes zunehmend an Raum. Die gute Nachricht breitet sich aus. Und du kannst etwas dazu beitragen. Jesus macht hier klar, dass das nichts Großartiges sein muss. Überlege doch mal, durch welche kleinen Aktionen du in dieser Woche das Reich deines Herrn unter den Menschen in deinem Umfeld ausbreiten kannst.

....

....

....

....

....

....

....

....

....

....

39. Tirza

MATTHÄUS 15,21-28

Liebes Tagebuch, ich bin fix und fertig!

Heute war ein total verrückter Tag. Morgens habe ich Sarah gerade noch davor bewahrt, in die offene Feuerstelle zu treten. Das Kind ist völlig verwirrt. „Dieser Geist wird sie früher oder später umbringen!", habe ich bei mir gedacht. Vor ein paar Monaten hat ein dunkles Wesen von Sarah Besitz ergriffen. Wie das geschehen konnte, kann ich mir bis heute nicht erklären. Seitdem ist sie wie ausgewechselt. Ihre Augen haben jeglichen Glanz verloren. Ständig passieren ihr schlimme Dinge. Sie reißt sich ihre Haare aus und kratzt sich die Arme auf. Sie empfindet keinen Schmerz mehr. Sie tut, was der böse Geist von ihr verlangt. Es ist, als würde er ihr permanent schlimme Dinge einflüstern. Es ist schrecklich, das als Mutter mitanzusehen! Damit sie meine Verzweiflung und meine Wut über die Situation nicht mitkriegt, habe ich mich nach dem Erlebnis mit der Feuerstelle draußen auf unsere Steintreppe gesetzt. Dort habe ich meinen Gefühlen freien Lauf gelassen und bitterlich geweint. Auf einmal ist eine Menschenmenge an mir vorbeigelaufen. Das Wort „Jesus" war in aller Munde. Von dem hatten sogar wir im Ausland gehört. Und jetzt wanderte er etwas fernab von seiner jüdischen Heimat durch unser Gebiet. Diese Chance musste ich ergreifen. Ich wollte mein geliebtes Kind zurückhaben! Ich habe Maria, unserer Nachbarin, Bescheid gesagt. Sie hat versprochen, auf Sarah aufzupassen. Dann bin ich der Menge hinterhergelaufen.

Nach ein paar Minuten habe ich sie eingeholt. Ich bin direkt durch die ganzen Leute hindurch zu Jesus gegangen. Es war mir ehrlich gesagt egal, was die ganzen Menschen sagen oder denken würden. Ich hatte nur Sarah vor Augen. Sie sollte endlich wieder frei sein! „Herr, du Sohn Davids, hab Erbarmen mit mir! Meine Tochter wird von einem bösen Geist gequält!" Ich weiß nicht genau, was ich erwartet habe. Dass Jesus mir die kalte Schulter zeigt und gar nicht richtig zuhört, hatte ich nicht gedacht. Sein Verhalten hat mich getroffen. Dann haben ihm seine Begleiter auch noch gesagt, dass er mich wegschicken soll. Sie haben etwas davon gefaselt, dass ich sonst noch lauter schreien könnte! Anscheinend ist das Gerede seiner Männer zu ihm durchgedrungen. Er hat sich zu mir gewandt und mir gesagt, dass er nur Menschen aus seinem Volk, dem Volk Israel, hilft. Spinnt der? Meine Tochter kann doch nichts dafür, dass sie keine Jüdin ist! Wie eine Löwin habe ich trotzdem für sie gekämpft. Ich bin noch näher rangegangen, habe mich auf den Boden geworfen und gebettelt: „Herr, hilf mir!" Er ist hart geblieben: „Es ist nicht richtig, wenn man den Kindern das Brot wegnimmt und es den Hunden vorwirft!" So ist das also – wir sind in seinen Augen Hunde. Für uns hat er nichts übrig, sagt er. Das werden wir ja sehen! „Das stimmt. Aber die kleinen Hunde dürfen doch die Krümel fressen, die vom Tisch der Herren herunterfallen", entgegnete ich. Ein Staunen ging über sein Gesicht. Er hatte anscheinend nicht damit gerechnet, dass ich mich auf sein Bild einlassen würde. Ich war nicht beleidigt, ich wollte einfach nur seine Hilfe. Und da ich nicht auf den Kopf gefallen bin, kam ich auf die Idee, auf der gleichen Ebene wie er zu argumentieren.

Es hat sich gelohnt, dranzubleiben und mich nicht abwimmeln zu lassen. Jesus hat dann endlich die erlösenden Worte gesagt: „Dein Glaube ist groß. Was du erwartest, soll geschehen!" Mehr kam nicht von ihm. Die Worte haben mir gereicht, umzudrehen und so schnell wie ich konnte nach Hause zu laufen. Als ich zu unserer Hütte kam, sah ich Sarah im Sand spielen. Als sie mich entdeckte, winkte sie mir und fing an zu strahlen. Ich breitete meine Arme aus und meine wunderschöne, kleine Tochter flog hinein. Wir kuschelten uns aneinander. Ich strich ihr zärtlich über ihr Gesicht. Sie war frei.

Jede Faser meines Körpers ist jetzt noch voller Dankbarkeit. So glücklich war ich noch nie in meinem Leben.

*Ich finde diese Geschichte ziemlich krass, weil ich es einerseits irgend-
wie gemein finde, dass Jesus nur den Juden helfen will. Aber genau des-
halb finde ich es auch so genial, dass das Mädchen durch den starken
Glauben und das Kämpfen von seiner Mutter durch Jesus geheilt wird.
Manchmal muss man eben hartnäckig sein, um seine Ziele zu erreichen.
Antonia, 16*

....

....

....

....

....

....

....

....

....

....

....

....

....

40. Dina

LUKAS 18,1-8

Dieser Taugenichts!

Ich bin wirklich aufgebracht! Ich weiß nicht, zum wievielten Mal ich bei ihm war. Gebracht hat es wieder nichts. Ich fühle mich nicht ernst genommen. Es wäre so gut, wenn mein Mann noch leben würde. Dann müsste ich nicht allein als Frau gegen diesen Mann kämpfen.

Du fragst dich, von wem ich rede? Es geht um den Richter in meinem Ort. Seit langer Zeit möchte ich von ihm, dass er mir zu meinem Recht gegenüber meinem Gegner verhilft. Ich bin nicht gut behandelt worden und wünsche mir nichts mehr, als endlich Frieden darüber zu haben. Doch dieser Richter, der keine Achtung vor Gott hat und keine Rücksicht auf seine Mitmenschen nimmt, will mir einfach nicht zuhören. Mein Schicksal kümmert ihn anscheinend nicht. Immer wieder lässt er mich abblitzen.

Das Gefühl, nicht wichtig zu sein, ist hart für mich. Es ist, als wenn ich ständig mit dem Kopf gegen eine Wand laufen würde. Es kostet mich viel Anstrengung. Manchmal fühle ich mich schwach und mutlos. Dann frage ich mich, ob die Sache wirklich den Aufwand wert ist. Heute habe ich sogar ans Aufgeben gedacht. Doch dann kam Trotz in mir hoch.

Ich lasse mich nicht unterkriegen!! Ab sofort werde ich jeden Tag bei dem Richter aufkreuzen. Das mache ich so lange, bis er endlich nachgibt und mir zu meinem Recht verhilft. Das ist schließlich seine Aufgabe!

EIN PAAR TAGE SPÄTER:

Ich kann es kaum fassen! Nachdem ich tatsächlich jeden Tag an die Tür des Richters geklopft habe, hat er nachgegeben. Wahrscheinlich nicht, weil er doch noch nett geworden ist, sondern weil ich ihn genervt habe. Ich war nicht besonders freundlich zu ihm. Jeden Tag bin ich forscher und fordernder aufgetreten. Immer eindringlicher habe ich auf ihn eingeredet. Und dann hat er sich endlich um meine Angelegenheit gekümmert. Ich habe recht bekommen. Ich fühle mich leicht und unbeschwert. Es tut gut, endlich am Ziel zu sein. Jetzt kann ich wieder in Ruhe schlafen.

Mit diesem Gleichnis (also einer ausgedachten Geschichte, die erzählt wird, um etwas deutlich zu machen) will Jesus seinen Jüngern klarmachen:

Betet immer! Redet zu jeder Zeit mit Gott! Hört nicht dabei auf! Wenn schon dieser ungerechte Richter sich erweichen lässt und der Frau zuhört und ihr zu ihrem Recht verhilft, wie viel mehr wird Gott seinen Kindern zu ihrem Recht verhelfen und ihnen zuhören, wenn sie zu ihm beten. Gott lässt nicht lange auf sich warten. Er hilft uns! Er hört uns!

Wenn dich eine weitere Aussage zum Gebet interessiert, kannst du ja mal Matthäus 7,7-11 lesen. Und wenn du wissen willst, wie du beten sollst, hat Jesus in Matthäus 6,5-15 noch ein paar Tipps für dich.

Ich lade dich ein, es auszuprobieren. Wenn du dich nicht traust oder unsicher bist, was du alles sagen kannst, dann frag doch jemanden, ob er mit dir betet. Ich wünsche dir tolle Entdeckungen und Erfahrungen mit Gott.

....

....

....

....

....

....

....

....

....

....

41. Saphira

MARKUS 10,13-16

MATTHÄUS 19,13-15; LUKAS 18,15-17

Seit Tagen warten wir darauf, dass Jesus endlich in unser Dorf kommt.

Meine Freundinnen und ich wünschen uns, dass er unseren Kindern seine Hände auflegt und sie segnet. Für meine zwei Jungs Ben und Jonathan wäre das ein tolles Erlebnis. Sie könnten so Jesus ganz nah sein und etwas von ihm empfangen.

Heute ist es so weit. Seit den frühen Morgenstunden ist klar, dass Jesus zu uns kommen wird. Meine Kinder sind frisch gekämmt und ganz aufgeregt: „Mama, wie sieht Jesus aus?" – „Ist der nett?", fragen sie mich. Ich kann ihnen keine zufriedenstellende Antwort geben. „Jungs, ihr müsst euch gedulden, bis er kommt. Dann wissen wir mehr", versuche ich sie zu beruhigen.

Jetzt ist Jesus gerade auf dem Marktplatz angekommen. Meine Freundinnen und ich machen uns mit unseren Kindern auf zu ihm. Er ist umringt von Menschen. „Mama, ich kann Jesus ja gar nicht sehen! Wer sind die ganzen Leute um Jesus herum?", fragt Jonathan, den ich auf dem Arm trage, ganz enttäuscht. „Das sind die Männer, die schon lange jeden Tag mit Jesus unterwegs sind. Man nennt sie Jünger", erkläre ich ihm. Als wir näher zu den Jüngern kommen, geht es auf einmal los. Alle rufen sie durcheinander: „Ihr könnt jetzt nicht zu Jesus gehen! Der hat gerade Wichtigeres zu tun!" – „Verschwindet, ihr haltet Jesus bloß auf!" – „Macht, dass ihr wegkommt!"

Unfassbar, wie grob und unsensibel Männer sein können. Meine Freundinnen und ich blicken uns verunsichert an. Wir wissen nicht, was wir jetzt tun sollen. Jonathan und Ben klammern sich ängstlich an mich. Auch die Kinder meiner Freundinnen sind erschrocken. Mit so viel Widerstand haben wir nicht gerechnet. Wenn wir das gewusst hätten, wären wir nicht gekommen! Enttäuscht drehen die ersten Frauen wieder um.

„Was macht ihr denn da? Wieso schickt ihr die Frauen und Kinder weg?" Mit diesen Worten kommt ein Mann durch die Menge auf uns zu. Ben zeigt auf ihn: „Mama, ist das Jesus?" – „Ich glaube schon", flüstere ich ihm zu. Jetzt steht Jesus bei seinen Jüngern. Er blickt sie an. Dann sagt er: „Lasst die Kinder zu mir kommen. Hindert sie nicht daran, denn für Menschen wie sie ist das Reich Gottes da. Ich sage euch: Wer sich das Reich Gottes nicht wie ein Kind schenken lässt, wird nie hineinkommen!" Während er redet, geht er in die Knie und öffnet seine Arme. Ich kann spüren, wie meine Söhne ihn sofort in ihr Herz schließen. Sie laufen ohne große Scheu auf ihn zu. Die Kinder meiner Freundinnen tun das Gleiche.

Jesus nimmt sich Zeit für jedes Kind. Nacheinander nimmt er sie auf seinen Arm und spricht mit ihnen. Nach einer Weile legt er seine Hand auf sie und segnet sie. Als Jonathan an der Reihe ist, höre ich ihn sagen: „Jesus, wie alt bist du?" Er ist einfach immer neugierig. Als schließlich Ben gesegnet wird, kann ich meine Tränen kaum zurückhalten. Meine Jungs strahlen Jesus an und er blickt liebevoll zurück. Ich bin mir sicher, dass beide noch wochenlang von ihrem besonderen Erlebnis mit Jesus erzählen werden.

Jesus blickt dich liebevoll an.
Er will dich in seine Arme schließen und dich beschenken.
Jeden Tag spricht er dir seinen Segen zu.
Ein fantastisches Segenswort findest du in 4. Mose 6,24-26 (man nennt
es den „aaronitischen Segen"): „Der Herr segne dich und behüte dich;
der Herr lasse sein Angesicht leuchten über dir und sei dir gnädig; der
Herr erhebe sein Angesicht über dich und gebe dir Frieden."

....

....

....

....

....

....

....

....

....

....

....

....

....

....

42. Schoschana

Ich lebe alleine als Witwe und habe ganz wenig Geld.
Das ist zwar nicht immer schön, aber machbar. Natürlich gibt es Tage, an denen ich mir wünsche, reich zu sein. Dann träume ich von schönen Gewändern, leckerem Essen und davon, wie ein Handwerker das Loch in meiner Decke repariert. Das wird alles ein Wunschdenken bleiben. Meine Realität sieht anders aus. Ich habe mich ganz gut damit abgefunden und für mich gemerkt, dass Geld nicht alles ist. Es macht das Leben an manchen Stellen leichter, aber meines Erachtens nicht sorgenfreier oder glücklicher. Dafür kenne ich zu viele reiche Menschen, die frustriert und voller Sorge sind.

Ehrlich gesagt, weiß ich gerade nicht, wovon ich morgen leben soll. Wie das passieren konnte, will ich dir erzählen. Im Tempel steht ein Opferkasten, in den die Menschen nach den Gottesdiensten und Opferfeiern ihre Gaben einwerfen können. Genau dort hinein habe ich gerade mein letztes Geld geworfen. Ich muss zugeben, dass es mir nicht leichtgefallen ist. Zuerst bin ich eine Zeit lang herumgestanden und habe beobachtet, wie andere Leute gespendet haben. Ich wollte eigentlich nicht neugierig sein, doch dann habe ich angefangen, mitzuzählen, was die Leute so einlegen. Bei manchen Summen ist mir fast schwindelig geworden. Da haben Leute riesige Beträge gespendet. Je länger ich das Geschehen beobachtet habe, desto kleiner und ärmer habe ich mich gefühlt. Was soll meine kleine Summe bei diesen großen Beträgen bewirken?

Trotz meiner Zweifel bin ich im Tempel geblieben. Ich habe mir die Gesichter der Menschen angeschaut, die hohe Summen in den Opferkasten geworfen haben. Sie haben auf mich nicht erleichtert gewirkt. Ehrlich gesagt, waren ihren Mienen ziemlich unbewegt. Es schien für sie nichts zu bedeuten, so viel Geld einzulegen. Ich habe mich gefragt: Ob es mich unberührt lässt, mein ganzes Vermögen dort hineinzulegen? Um das herauszufinden, habe ich mich getraut und mein letztes Geld eingeworfen. In diesem Moment habe ich Gott ganz bewusst dafür gedankt, dass er mich versorgt. Ich will ihm vertrauen. Er wird schon wissen, wie meine Summe gebraucht wird und vor allem, wie es mit mir weitergeht. Erleichtert mache ich mich auf den Weg nach Hause. Dort angekommen, setze ich mich in die Sonne vor meine Hütte. Ich fühle mich leicht und schließe meine Augen.

„Hallo Schoschana!" Sophia steht vor mir. Ich freue mich, dass sie da ist, und begrüße sie herzlich. Sie setzt sich zu mir. „Ich muss dir unbedingt etwas erzählen. Du hast vorhin im Tempel etwas gespendet, oder? Und das war alles, was du gerade zum Leben hattest, habe ich recht?" Sophia kennt meine Lebensumstände gut. Sie ist meine beste Freundin. Trotzdem bin ich irritiert. „Woher weißt du das?", frage ich sie. „Ich war zufällig auch im Tempel und habe Jesus mit seinen Jüngern dort gesehen. Ich habe mich zu ihnen gestellt und zugehört. Jesus hat den Opferkasten beobachtet und teilte uns mit, was er gesehen hatte." Jetzt bin ich aufgeregt. Ich wische meine feuchten Handflächen an meinem Kleid ab. „Hat er etwas über mich gesagt?" – „Ja, und zwar diese Worte: Diese arme Witwe hat mehr gegeben als alle anderen, die etwas in den Opferkasten geworfen haben. Denn alle anderen haben nur etwas von ihrem Überfluss gegeben. Aber diese Witwe, die doch selbst arm ist, hat alles hergegeben, was sie besaß." Das muss ich erst mal sacken lassen. Jesus hat mit einem Blick erkannt, was ich und die anderen getan haben. Er hat gesehen, dass ich alles gegeben habe. Ich schaue in die Ferne. Dieser Augenblick ist etwas ganz Besonderes und Kostbares. Ich präge ihn mir gut ein und bin mir sicher, dass ich auch morgen gut versorgt bin.

Ziemlich krass, was Schoschana da macht. Sie wirft ihr ganzes Geld in diesen Opferkasten im Tempel und jetzt weiß sie nicht mal, wovon sie morgen überhaupt leben soll. Sie vertraut da ganz auf Gott und darauf, dass er sie schon versorgen wird. Schließlich hat sie alles, was sie hat, für ihn gegeben. Würdest du an ihrer Stelle das Gleiche tun? Also ich bin mir nicht so sicher, ob ich das machen würde. Aber gerade deshalb bewundere ich sie. Sie hat verstanden, dass es bei Jesus nicht darum geht, wie viel du geben kannst. Er sieht mehr als das Offensichtliche, was alle sehen. Er sieht direkt ins Herz, kennt deine Absichten und weiß, was hinter deinen Taten steckt. Du musst dich ihm nicht beweisen und dich unter Druck gesetzt fühlen, weil andere mehr geben können als du, sich mehr engagieren und bessere Leistungen bringen. Er sieht, wenn du dein Bestes gibst und ihm vertraust. Mehr wünscht er sich gar nicht.
Vera, 16

....

....

....

....

....

....

....

....

....

....

43. Abigail

MATTHÄUS 25,1-13

Heute ist es so weit: Unsere Freundin Mirjam heiratet.
Sie hat mich und neun weitere Freundinnen als Brautjungfern ausgewählt. Eine unserer Aufgaben ist es, den Bräutigam zur Hochzeit zu begrüßen. Um diese Aufgabe zu erfüllen, nehmen wir uns die dafür vorbereiteten Fackeln und laufen zum Haus der Braut. Fünf von uns haben kein weiteres Öl für ihre Fackeln dabei. Zuerst hielt ich es auch für eine übertriebene Vorsichtsmaßnahme, Öl auf Vorrat mitzunehmen. Schließlich entschied ich mich aber doch dazu – man kann ja nie wissen.

Als wir bei Mirjams Haus ankommen, stellen wir uns im Spalier auf. Alle sind ganz aufgeregt und aufgekratzt. Wir unterhalten uns über den Tag: „Wie Mirjam wohl aussehen wird? Sie wird bestimmt wunderschön sein!" – „Ja, sie wird einfach nur strahlen! Ich freue mich darauf, sie so glücklich zu sehen!" – „Ob wohl wieder dieser gut aussehende Typ aus Mirjams Verwandtschaft da sein wird?" – „Ach du meinst ihren Cousin? Na, ich hoffe doch!"

Inzwischen stehen wir schon eine ganze Weile vor dem Haus. Der Bräutigam lässt sich aber nicht blicken. Langsam werde ich müde. Ich merke, wie es meinen Mädels nicht anders geht. Wir gähnen um die Wette. Zuerst finden wir das noch lustig. Je später es wird, desto mehr müssen wir uns anstrengen, uns auf den Beinen zu halten. Nach zwei Stunden lässt die Erste von uns ihre Fackel auf den Boden fallen und legt sich daneben. Nach ein paar Minuten ist sie fest eingeschlafen.

Ich sehe, wie viele versuchen, sich zusammenzureißen. Aber die Müdigkeit ist einfach zu groß. Eine nach der anderen legt sich an Ort und Stelle schlafen. Schließlich halte auch ich es nicht mehr aus. Ich lösche meine Fackel und sinke zu Boden. „Wo bleibt der nur?", denke ich noch, dann bin auch ich fest eingeschlafen.

„Seht doch! Der Bräutigam kommt! Schnell, steht auf und begrüßt ihn!" Dieser Ruf weckt uns auf. Zuerst muss ich kurz überlegen, wo ich bin. Als ich die Mädels sehe, wie sie ihre Fackeln neu entzünden, fällt mir alles wieder ein. Die Hochzeit, das Warten und der Bräutigam. Schnell springe ich auf. Jetzt bin ich dankbar, dass ich mir extra Öl mitgenommen habe. So kann ich meine Fackel leicht entzünden. Ich weiß, dass sie wieder lange brennen wird. Diejenigen von uns, die kein Öl auf Vorrat mitgenommen haben, betteln: „Gebt uns etwas von eurem Öl ab. Unsere Fackeln gehen gleich wieder aus!" Wir anderen fünf zucken mit den Schultern. „Es tut uns leid. Das Öl reicht nicht für uns alle! Geht doch schnell zum Händler und holt euch welches!"

Die fünf überlegen hin und her, dann laufen sie los. Kurz nachdem sie gegangen sind, taucht der Bräutigam auf. Wir stehen da und begrüßen ihn feierlich. Nachdem er an uns vorbeigegangen ist, gehen wir hinter ihm her zum Haus. Als wir alle drin sind, wird die Tür hinter uns verschlossen. Die Party steigt, und zwar richtig. Wir feiern ein ausgelassenes Fest. Die Stimmung ist einfach nur gut!

Eine Sache muss ich aber noch erwähnen: Die fünf anderen Mädels habe ich auf dem Fest nicht gesehen. Ob sie nicht mehr wiedergekommen sind? Oder sind sie nicht mehr reingelassen worden?

Diese Geschichte erzählt Jesus seinen Jüngern. Man nennt diese Art von Erzählung ein „Gleichnis". Damit will Jesus etwas klarmachen. Du kannst es dir selbst noch mal in der Bibel durchlesen und überlegen, was Jesus damit sagen will.

Vielleicht hilft dir Vers 13, es mehr zu verstehen. Schreibe deine Meinung, deine Gedanken und deine Empfindungen dazu ruhig auf.

Übrigens: Du musst nicht alles gut finden oder auf Anhieb begreifen. Du darfst auch Kritik, Fragen und Zweifel aufschreiben. Manchmal hilft es, genau darüber mit jemand zu reden.

....

....

....

....

....

....

....

....

....

....

....

....

....

44. Tamar

LUKAS 22,54-62; MATTHÄUS 26,69-75; MARKUS 14,66-72; JOHANNES 18,25-27

Der ganze Tag war total stressig gewesen.
Ständig wurde ich von der obersten Dienerin des Hohepriesters, die meine Chefin ist, hin und her gescheucht. Hier etwas zu trinken vorbereiten, da sauber machen. Ich habe mich die ganze Zeit gefragt, was eigentlich los ist. Normalerweise geht es bei uns etwas ruhiger zu. Gegen Abend erfuhr ich dann mehr. Man kann jetzt nicht sagen, dass ich meinen Herrn und seine Gäste bewusst belauscht hätte. Keiner konnte das Verhör überhören, das im Haus geführt wurde. Weil ich so neugierig war, bin ich besonders oft in den Flur gegangen. Immer wenn etwas in den Raum des Verhörs gebracht werden sollte, habe ich mich freiwillig dazu bereit erklärt. Jedes Mal erfuhr ich ein bisschen mehr. Die ganze Sache ist total spannend. Da ist dieser Jesus, von dem wirklich jeder in Jerusalem gehört hat. Aus anderen Gesprächen meines Herrn mit den

Pharisäern und Schriftgelehrten weiß ich, dass er ihnen schon lange ein Dorn im Auge ist. Jetzt hatten sie ihn gefangen genommen. Sie verhörten ihn. Beschuldigten ihn. Und schließlich fingen sie an, ihn zu quälen.

Eigentlich fand ich Jesus, aus Erzählungen, sympathisch. Zweimal habe ich ihn sogar live erlebt. Auch da war er irgendwie faszinierend. Aber wer so behandelt wird, muss doch Dreck am Stecken haben, oder?

Jetzt ist es spät am Abend und ich sitze im Hof am Feuer. Ein großer Teil der Dienerschaft unterhält sich hier über die Vorfälle im Haus. Jeder weiß etwas anderes zu berichten. Wir sind uns immer sicherer, dass unser Chef recht hat. Es geht schon in Ordnung, dass dieser Jesus verhaftet wurde. Obwohl das alles sehr spannend ist und ich eigentlich nichts davon verpassen möchte, bin ich plötzlich abgelenkt. Ich starre auf einen Mann, dessen Gesicht vom Feuerschein nur leicht angestrahlt wird. Er kommt mir so bekannt vor. Ich denke angestrengt nach. Jetzt fällt es mir ein. Er ist einer der Männer, der mit Jesus unterwegs gewesen ist! Er gehört zu seinen Freunden. Wie kann er es wagen, hier zu sein? Dem werde ich jetzt mal einen gehörigen Schrecken einjagen. Ich warte einen Moment ab, an dem es etwas ruhiger am Feuer wird. Triumphierend sage ich laut in seine Richtung: „Du gehörst doch auch zu diesem Jesus von Nazareth!" Sämtliche Köpfe fliegen herum. Ich freue mich über die Aufmerksamkeit. „Ich weiß nicht, wovon du redest", entgegnet er mir. Dann greift er seinen Mantel und geht in Richtung Vorhof. Na warte, so schnell kommst du mir nicht davon! Ich laufe ihm nach. Im Vorhof entdecke ich ihn mitten in einer Runde. Ich ziehe mein Kopftuch tiefer ins Gesicht und stelle mich dazu. In einem günstigen Moment zeige ich mit meinem Finger auf den Mann und rufe: „Das ist auch einer von den Leuten, die bei Jesus waren!" Wieder protestiert er. Hat Angst, das zuzugeben. Feigling! Jetzt beobachten ihn auch die Umstehenden. Nach ein paar Minuten fangen auch sie an, ihn zu beschuldigen: „Natürlich gehörst du auch zu den Freunden von Jesus!" Der Mann zuckt zusammen. Er schwört, dass er Jesus nicht kennt. So eine traurige Gestalt!

Auf einmal dreht er sich um. Ich kann gerade noch erkennen, dass in seinen Augen Tränen glitzern. Dann ist er verschwunden. Was für ein Weichei! Erst steht er nicht zu Jesus, dann haut er ab. Wieso heult der denn jetzt? Na egal, dem haben wir es gegeben!

Tamar macht in dieser Geschichte etwas, das es bis heute noch gibt: Sie stellt einen Menschen vor anderen bloß. Was sie sagt, stimmt. Dieser Mann, Petrus, gehörte tatsächlich zu den Jüngern von Jesus. Und es ist wirklich feige von ihm, nicht zu Jesus zu stehen. Auch wenn Tamar mit dem, was sie sagt, recht hat, ist es gemein, wie sie Petrus begegnet. Sie hat keine guten Absichten. Sie will sich nicht informieren oder ihm eine harmlose Frage stellen. Wenn sie das gewollt hätte, hätte sie ihn ja zum Beispiel unter vier Augen ansprechen können. Nein, Tamar will Petrus vor anderen bloßstellen. Auf ihm rumhacken. Vielleicht sich über ihn lustig machen.

Ich kenne solche Situationen auch aus meinem Leben. Manchmal bin ich die Bloßgestellte. Das tut weh. Es ist demütigend. Das, was andere über mich und zu mir sagen, ist oft nicht fair und nicht die Wahrheit über mich. Ich will versuchen, es nicht zu nah an mich heran zu lassen und es bei Jesus loszuwerden.

Manchmal bin ich auch die, die bloßstellt. Ich mache Witze auf Kosten von anderen. Ich lasse andere, ob sie anwesend sind oder nicht, in einem schlechten Licht erscheinen. Ich stelle mich besser dar als sie. Wieso macht man das? Wieso mache ich das? Was bringt es mir? Ich will versuchen, mehr drauf zu achten, es nicht mehr zu tun. Du auch?

....

....

....

....

....

....

....

....

45. Maria

JOHANNES 20,1; 11-16

Meine Augen brennen und tun nur noch weh!

Seit Tagen weine ich fast ohne Unterbrechung. Ich vermisse meinen guten Freund Jesus so sehr! Er ist am Freitag grausam ermordet worden. Ich bin heute Morgen zu seinem Grab gegangen, um dort alleine zu sein. Jetzt stehe ich fassungslos davor. Der Grabstein ist weggerollt worden – das Grab ist also offen. Jesus ist nicht mehr drin. Wie kann jemand so herzlos sein? Es muss jemand seinen Leichnam genommen haben! Wie konnte er sonst verschwinden? „Diese miesen Verräter!", presse ich gequält hervor. Ich weiß gar nicht genau, wen ich eigentlich beschuldige. Die ganze Welt scheint gegen mich zu sein! Ich halte diese Schmerzen kaum aus.

Ich hebe meine Augen auf zum Himmel. Dabei streift mein Blick das leere Grab. Ich erschrecke. Da sitzen zwei Männer genau dort, wo Jesus mit seinem Kopf und seinen Füßen gelegen hatte. Ich bin wie erstarrt. Wer sind die beiden denn bitte? Sie sprechen mich an: „Wieso weinst du?" Was für seltsame Typen. Können sie sich nicht denken, was passiert ist, wenn sie in einem leeren Grab sitzen? Ich spüre, wie Wut in mir aufsteigt, und sage trotzig zu ihnen: „Irgendjemand hat meinen Herrn weggenommen und ich weiß nicht, wo sie ihn hingelegt haben!" Wieso rede ich eigentlich mit denen? Sie können mir doch sowieso nicht helfen. Wahrscheinlich checken die nicht mal, worum es mir geht. Frustriert ziehe ich meine Schultern nach oben und drehe mich um.

Da steht schon wieder jemand vor mir. „Wieso ist hier eigentlich so viel Betrieb?", frage ich mich. Anscheinend sehe ich wirklich fertig aus, denn auch er spricht mich an: „Frau, wieso weinst du? Wen suchst du?" Ob dieser Mann der Gärtner hier ist? Ich frage ihn einfach nach dem Leichnam von Jesus: „Herr, wenn du ihn weggebracht hast, dann sag mir, wo er liegt. Ich will ihn zurückholen." Als ich diese Worte sage, denke ich ganz besonders intensiv an die gute Zeit, die ich und viele andere mit Jesus hatten. Tränen tropfen von meinen Wangen auf mein Kleid. Ich kann es einfach nicht glauben, dass er so von uns gegangen ist! In dem Moment werde ich panisch. Ich bekomme schlecht Luft und mache einen hektischen Schritt vom Grab und den Männern weg. Ich halte das alles nicht mehr aus!

„Maria!"

Blitzschnell fahre ich herum. Diese Stimme hätte ich unter tausend anderen herausgehört. Er ist es! Der Mann, den ich gerade für den Gärtner gehalten habe, ist Jesus. Er hat meinen Namen gesagt. Ich fühle, wie mir ein kalter Schauer den Rücken herunterläuft. Meine Knie sind ganz weich.

„Meister!", hauche ich. Mehr bringe ich in diesem Moment nicht heraus. Ich bin völlig überwältigt von dem, was gerade passiert. Zum ersten Mal seit Stunden hören meine Tränen auf zu fließen. Was für ein heiliger Moment!

Kennst du solche Situationen, in denen es dir einfach schlecht geht und dich nichts aufmuntern kann? Genau das erlebt Maria. Sie ist verzweifelt. Sie ist traurig. Sie weiß gar nicht genau, was mit ihr passiert. Wie soll sie weitermachen? Was macht jetzt noch Sinn im Leben? Wenn es mir schlecht geht, sind auch viele Fragen in meinem Kopf. Mein Herz ist voller Gefühle. Mir hilft es, das alles aufzuschreiben, um das Chaos ein bisschen zu ordnen.

Ob Maria das schon gemacht hat, weiß ich nicht. Eins ist aber deutlich: Sie weiß nicht weiter. Und sie weiß nicht genau, wohin. Sie ist mit sich selbst überfordert. In diese Situation kommt Jesus, der auferstanden ist. Er sieht Maria mit ihrer Verzweiflung. Er fühlt mit ihr. Er nimmt sie ernst. Jesus geht persönlich und fürsorglich auf sie ein. Er ruft ihren Namen. Er ruft auch nach dir:

„ • ',
ich bin bei dir. Ich verlasse dich nicht. Ich helfe dir, mit dir selbst klarzukommen, dein Gefühlschaos und deine Gedanken zu ordnen!" Ich wünsche dir, dass du mit Jesus solche heiligen Momente erlebst.

....

....

....

....

....

....

....

....

....

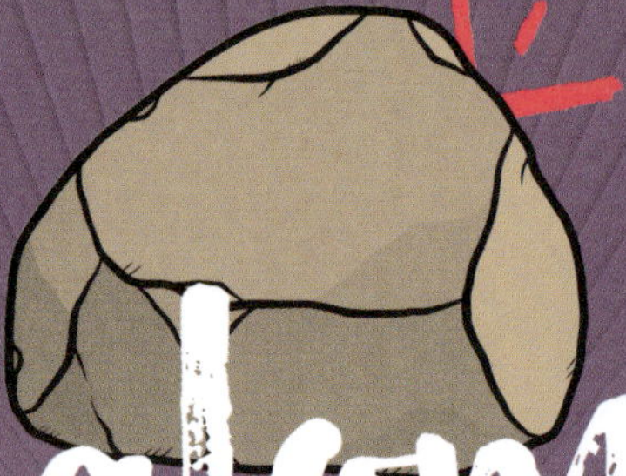

46. Salome

MARKUS 16,1-8;

LUKAS 24,1-12; MATTHÄUS 28,1-10

Endlich ist diese Nacht vorbei.

Stunde um Stunde hat sie sich von einer Seite auf die andere gewälzt. Ihr Kopf ist voller Gedanken und ihr Herz voller Trauer. Sie hat einen guten Freund durch eine grausame Hinrichtung am Kreuz verloren. Sie war dabei, als er sein Leben ausgehaucht hat. Die Bilder von seiner Folter und seinem Tod gehen Salome seitdem nicht mehr aus dem Kopf.

In einer halben Stunde ist sie mit ihren Freundinnen Maria und Maria verabredet. Deshalb steigt sie aus dem Bett und zieht sich an. Als sie am vereinbarten Treffpunkt ankommt, sind die beiden schon da. Zu dritt kaufen sie duftende Öle bei einem Straßenhändler. Damit machen sie sich auf den Weg zum Grab. Sie wollen Jesus mit den Ölen salben und so den verstorbenen Freund ehren.

Den Weg zu den Felsengräbern legen die Frauen schweigend zurück. Als sie fast dort angekommen sind, fragt Maria in die drückende Stille hinein: „Wer kann uns den Stein vom Grabeingang wegrollen? Ohne Hilfe schaffen wir das nicht!" Diese Frage hat Salome sich schon in der vergangenen Nacht gestellt. Schon vor Stunden hat sie keine befriedigende Antwort gefunden. Also schweigt sie und zuckt mit den Schultern. Auch die andere Maria weiß keinen Rat. „Sollen wir lieber umkehren?", fragt Maria weiter. „Nein, seht doch!", ruft Salome aufgeregt. Wie sie, heben nun auch die beiden anderen Frauen ihren Kopf. „Der Stein! Er ist weggewälzt worden!" – „So ein großes Teil! Wer kann das getan haben?"

„Ich weiß es nicht. Lass uns nachsehen, ob der Leichnam von Jesus noch im Grab ist!", ruft Maria aufgeregt. Langsam und vorsichtig treten die Frauen in die Höhle. Sofort bemerken sie den jungen Mann, der auf der rechten Seite sitzt. Er trägt ein weißes Gewand. „Ahh!" – „Hilfe, wer ist das?" Erschrocken klammern sich die Frauen aneinander. Sie starren den Fremden an. „Ihr braucht nicht zu erschrecken!", sagt er zu ihnen. „Ihr sucht Jesus, den sie gekreuzigt haben. Er ist nicht mehr hier – Gott hat ihn von den Toten auferweckt." Fassungslos blicken ihn drei Augenpaare an. Er spricht weiter: „Seht, hier ist die Stelle, an der Jesus gelegen hat."

Salome tritt vor und berührt den Stein. Der Engel ist immer noch nicht fertig. „Los, geht zurück und sagt den Jüngern, was passiert ist. Jesus geht euch voraus. Ihr werdet ihn in Galiläa wiedersehen, so wie er es euch vorausgesagt hat."

Überwältigt von den Eindrücken stürzt Maria ins Freie. Dort bleibt sie nicht stehen, sondern läuft immer weiter weg vom Grab. Ihre Hände und Beine zittern. Salome und Maria geht es nicht anderes. Der Schreck sitzt ihnen tief in den Knochen. Sie sind noch nicht fähig, den Auftrag des Engels den Jüngern weiterzusagen, was sie erlebt haben, auszuführen. Stattdessen müssen sie selbst erst mal verarbeiten, was sie gerade gesehen und erlebt haben:

Jesus lebt! Das Grab ist leer, weil er auferstanden ist!

Die Frauen sind die Ersten, die mit eigenen Augen die frohe Botschaft sehen dürfen. Was uns heute freut und was wir an Ostern kräftig feiern, hat die Ladys damals erst mal zutiefst erschrocken. Sie wussten nicht wirklich damit umzugehen, dass Jesus wieder lebendig ist. Es wird wohl eine Weile gedauert haben, bis sie realisiert haben, dass Jesus lebt! Er hat den Tod und damit alles Schlimme und Schlechte dieser Welt besiegt. Er ist Herr und sonst niemand.

Das alles hat er für die Menschen damals und auch für uns heute getan. Was an Ostern passiert ist, gilt für dich heute noch. Jesus ist auch für dich wieder lebendig geworden. Mit ihm kannst du ein Leben in Freiheit führen. Er ist für alles, was dich belastet,

....

....

was dir leidtut

....

....

und was dich einengt

....

....

gestorben. Er beschenkt dich mit Vergebung und seiner Liebe.

....

....

....

....

47. Peninna

Wir sind auf dem Weg nach Galiläa. Die Reise verläuft ohne große Zwischenfälle. Wir kommen gut voran und haben Jerusalem schon weit hinter uns gelassen.

Jerusalem ... in diese Stadt will ich so schnell nicht wieder reisen. Die Erinnerungen sind zu frisch. Die Eindrücke von der Kreuzigung haben sich tief in mein Gedächtnis eingebrannt. Sie ist zwar vorbei und manche von uns haben Jesus schon wieder lebend gesehen, trotzdem will ich nicht so schnell wieder an diese schrecklichen Stunden erinnert werden!

Mit jedem Schritt können ich und auch die anderen Jünger und Frauen diese Ereignisse hinter uns lassen. Wir laufen dorthin, wo unsere Geschichte mit Jesus begonnen hat. Jesus hat uns selbst dahin bestellt. Er ist ein paar Frauen an seinem offenen Grab begegnet: „Geht und sagt meinen Brüdern, dass sie nach

Galiläa kommen sollen! Dort werden sie mich sehen!" Seinen Auftrag haben sie sofort weitergegeben. Auch ich habe mich eingeladen gefühlt und bin mit den anderen losgezogen.

Je näher wir an unsere früheren Heimatorte kommen, desto aufgeregter werden wir. Was uns wohl erwartet? In jedem Dorf, durch das wir laufen, werden wir herzlich willkommen geheißen. Die Leute sind total neugierig und wollen uns über die Ereignisse in Jerusalem ausquetschen. Sie laden uns zum Essen ein und bitten uns, ein paar Tage zu bleiben. Aber keiner von uns will Zeit verlieren. Wir lassen uns von den enttäuschten Gesichtern nicht unter Druck setzen, sondern wandern immer weiter zu dem Berg, den Jesus uns als Treffpunkt genannt hat.

Jetzt sind wir gleich am Ziel. Schon länger haben wir die Spitze des Berges vor Augen. Nach der nächsten Biegung werden wir auch seinen Fuß sehen. Wir biegen um die Ecke und … sehen IHN. Da steht er – lebendig wie die Frauen es gesagt haben. Er erwartet uns. Er lächelt. Jetzt hält uns nichts mehr. Wir stürmen, einer nach dem anderen, auf ihn zu. Aus dem Augenwinkel sehe ich, dass ein paar von uns sich doch noch Zeit lassen. Sie scheinen skeptisch zu sein. Weil ich es nicht bin, falle ich wie die anderen vor Jesus auf die Erde. „Herr, du bist es wirklich. Du hast alles wahr gemacht, was du gesagt hast. Du bist so mächtig, dass sogar der Tod dich nicht festhalten kann. Ich bin ehrlich beeindruckt von dir!" Ich bete ihn an. Er ist lebendig. Er steht hautnah neben mir. Ich kann seine Körperwärme spüren und die Löcher in seinen Füßen sehen. Jetzt macht Jesus ein paar kleine Schritte auf uns zu. Als er seine Arme zur Begrüßung hebt, starre ich, wie viele andere, auf die Löcher in seinen Händen. Als Jesus anfängt zu sprechen, hänge ich an seinen Lippen, um auch ja kein Wort zu verpassen. Was er sagt, trifft mich tief. Seine Botschaft werde ich mein Leben lang nicht vergessen:

„Ich habe von Gott alle Macht im Himmel und auf der Erde erhalten. Geht hinaus in die ganze Welt und ruft alle Menschen in meine Nachfolge! Tauft sie und führt sie hinein in die Gemeinschaft mit dem Vater, dem Sohn und dem Heiligen Geist! Lehrt sie, so zu leben, wie ich es euch aufgetragen habe. Ihr dürft sicher sein: Ich bin immer und überall bei euch, bis an das Ende dieser Welt."

Als die Jünger Jesus nach seinem Tod begegnen, gibt es welche, die sofort an seine Auferstehung glauben. Einige von ihnen haben aber auch Zweifel. Wie ist das bei dir? Stündest du bei einer solchen Begegnung eher bei denen, die glauben, oder bei denen, die zweifeln? Warum?
Was würdest du tun, wenn Jesus dir gegenüberstehen würde?
Die Worte, die Jesus hier am Ende des Textes und somit auch am Ende des Matthäusevangeliums sagt, sind sehr berühmt. Man nennt sie „den Missionsbefehl". Wie wirken diese Worte auf dich? Was davon kannst du ganz persönlich in deinem Leben umsetzen? Wie?

....

....

....

....

....

....

....

....

....

....

....

....

48. Tabita

APOSTELGESCHICHTE 9,36-43

Seit ich meinen Mann verloren hatte, musste ich mich jeden Tag selbst um das Essen und die Kleidung für meine Familie kümmern.
Es war nicht leicht, eine erwachsene Person und drei kleine Kinder durchzufüttern. Nicht selten kam es vor, dass wir abends gar nichts mehr zu essen hatten. In meinem ganzen Elend gab es eine, die sich um mich und meine Familie kümmerte: Tabita. Diese zarte und elegante Frau hatte das größte Herz, das es auf dieser Welt gab. Sie besuchte uns, brachte etwas zu essen mit und half mir im Haushalt. Meine Kinder liebten sie, weil sie viel mit ihnen spielte. Auch ich hatte Tabita sehr lieb gewonnen. An einem Tag machte sie mir das schönste Geschenk, das ich seit Langem bekommen hatte: einen selbst gemachten Mantel. Er passte perfekt zu mir. Ich war ihr sehr dankbar und trug ihn jeden Tag mit Stolz.

Wenn Tabita bei uns war, erzählte sie mir und meinen Kindern von Jesus. Ich hörte zwar immer zu, aber ganz überzeugt war ich nicht. Wie konnte ich jemandem Glauben schenken, der nicht verhindert hatte, dass mein Mann so früh gestorben ist? Wie sollte ich an jemanden glauben, den ich nicht sehen kann? Das war mir ein Rätsel und ich fand keinen Zugang zu Jesus.

Nach ein paar Monaten kam Tabita auf einmal nicht mehr zu Besuch. Ich machte mir Sorgen. Von meinen Nachbarinnen, für die Tabita auch viel getan hatte, erfuhr ich, dass sie krank war. Wir hofften und bangten um ihre Gesundheit. Doch es half nichts. Nach ein paar Wochen starb sie.

Als wir das hörten, dass sie gestorben ist, waren wir alle untröstlich. Schnell gingen wir zu ihrem Haus und weinten. Wir konnten uns ein Leben ohne sie nicht vorstellen. Als wir Frauen in Tabitas Haus versammelt waren, trat ein Mann ein. Wir hatten schon gehört, dass Tabitas Freunde nach einem gewissen Petrus geschickt hatten. Anscheinend war er ein wichtiger Mann. Sofort scharrten meine Freundinnen und ich uns um ihn. Wir zeigten ihm unsere Mäntel, die Tabita für uns gemacht hatte, und weinten noch mehr. „Alle raus hier!", rief Petrus. „Freundlich war er nicht gerade! Was glaubte er, wer er ist?", dachte ich bei mir. „Was soll der noch groß helfen?"

Obwohl wir uns aufregten, folgten wir seiner Anweisung. Draußen wussten wir nicht genau, was wir jetzt tun sollten. Gehen? Bleiben? Die Entscheidung wurde uns schon wenige Augenblicke später abgenommen. Wieder hörten wir die Stimme von Petrus: „Kommt alle rein!" Ja, was denn jetzt? Neugierig gingen wir in Haus. Ich fiel fast in Ohnmacht, als ich sah, was passiert war. Tabita lebte wieder! Sie stand mitten im Raum, als ob sie nie tot gewesen wäre. Ich wusste sofort, dass dieses Wunder etwas mit Jesus zu tun hatte. An diesem Tag habe ich ihm endgültig mein Herz geöffnet. Er hat mich mit seiner Liebe zu Tabita und seiner Macht über Leben und Tod überzeugt. Ich glaube an ihn. Ich weiß immer noch nicht, warum mein Mann sterben musste, aber ich ahne, dass es sich lohnt, Jesus zu vertrauen.

Die Frau in der Geschichte weiß erst nicht genau, ob sie Jesus Glauben schenken soll. Sie ist skeptisch ihm gegenüber. Geht es dir auch manchmal so? Was genau stört dich/fordert dich heraus, wenn du über Jesus und den christlichen Glauben nachdenkst? Es ist in Ordnung, Zweifel und Fragen zu haben. Du bist deshalb nicht weniger wert für Jesus. Vielmehr wünscht er sich, dass du mit deinen Gedanken nicht alleine bleiben musst. Du kannst sie aufschreiben und andere zur Beratung mit einbeziehen. Ich wünsche dir, dass sie dir zuhören und dass dir ihre Anregungen weiterhelfen.

In der Geschichte erlebt die Frau schließlich ein Wunder: Tabita lebt! Diese Tatsache öffnet ihr ihre Augen und ihr Herz. Wie ist das bei dir? Gibt es etwas bei dir, das dir dein Herz für Jesus und seine gute Botschaft geöffnet hat? Was begeistert dich an ihm?

....

....

....

....

....

....

....

....

....

....

49. Lydia

Schon als kleines Mädchen war ich von den vielen verschiedenen Stoffballen, die mein Vater aus aller Welt kaufte, fasziniert gewesen.

Gerne bin ich in seinen Lagerraum gegangen, um mit meinen kleinen Fingern über die Stoffbahnen zu streichen. Manche von ihnen fühlten sich grob und robust an, andere zart wie ein Windhauch. Ich stellte mir vor, wie ich als Prinzessin schöne Kleider aus all diesen Stoffen haben würde.

Als ich älter wurde, ermöglichte mir mein Vater eine gute Schulausbildung. Ich lernte gerne und entdeckte neben meiner Leidenschaft für schöne Stoffe auch mein kaufmännisches Geschick. Deshalb beschloss ich, mein Hobby zum Beruf zu machen, und bin Stoffhändlerin geworden. Damit ich meinem Vater nicht in die Quere kam und um noch etwas von der Welt zu sehen, bin ich von Thyatira nach Philippi, eine bedeutende römische Hafenstadt, gezogen. Mein Geschäft lief gut. Ich lernte einen tollen Mann kennen und wir gründeten gemeinsam eine Familie.

Vor einiger Zeit wurde ich von einer Bekannten zu einem Gesprächskreis eingeladen. Sie und ihre Freundinnen trafen sich nachmittags unten am Flussufer, um miteinander Zeit zu verbringen. Die Frauen nahmen mich herzlich in ihrer Runde auf. Schnell merkte ich, dass sie Jüdinnen waren und einen lebendigen Glauben an Gott hatten. Mit dem hatte ich mich bisher nicht groß abgegeben. Doch das wurde jetzt anders. Die spannenden Geschichten aus dem Alten Testament und vor allem die Tatsache, dass dieser Gott eine Beziehung mit mir haben wollte, faszinierten mich. Zu entdecken, wie er ist, machte mir große Freude. Es dauerte nicht lange, bis ich mein erstes Gebet sprach. Kurz danach bin ich Jüdin geworden.

Heute treffen wir uns um drei Uhr am Fluss. Als ich ankomme, sehe ich, dass sich ein paar Männer zu unserer Runde gesellt haben. Interessiert unterhalte ich mich mit einem von ihnen, bis wir offiziell starten. Sein Name ist Paulus. Ein paar Minuten später sind alle da und Paulus ergreift das Wort. Er erzählt uns von Jesus Christus. Davon, dass er Gottes Sohn ist. Und davon, dass Jesus gestorben und auferstanden ist. „Für jeden von uns hat Jesus das getan!", sagt Paulus. Seine Worte treffen mich in meinem tiefsten Innern. Ich erkenne, dass es wahr ist, was Paulus sagt. Ich spüre die Liebe Jesu zu mir in diesem Augenblick ganz deutlich. Ich will nur noch eins: Zu ihm gehören. Das sage ich Paulus anschließend auch. Er freut sich riesig und heißt mich herzlich in der großen Familie Gottes willkommen.

Ein paar Tage später werde ich mit meiner Familie getauft. Wir sind ab sofort Christen. Die Kinder sind aufgeregt und ich bin es noch viel mehr. Zuerst werden Paulus und seine Reisebegleiter noch ein paar Tage bei uns wohnen. Wenn sie dann weg sind, müssen wir schauen, wie wir uns als Christen in Philippi organisieren. Alles, was mir möglich ist, werde ich dazu beitragen, dass Jesus hier in Philippi groß gemacht wird. Er hat mein Herz berührt und ich wünsche mir, dass es noch viel mehr Menschen so geht.

Lydia ist ein starkes Vorbild. Auch wenn es Verfolgung gab, stellt sie sich dieser Gefahr und wird Christin. Paulus, der ein guter Redner gewesen sein muss, tat das Richtige und überzeugte sie. Es gibt so viele tolle und spannende Geschichten über Jesus, die Lydia bestimmt wahnsinnig interessiert haben und zur besten Entscheidung ihres Lebens geführt haben. Sie ist schließlich so überzeugt, dass sie selbst ihre Familie mit in den Bann Gottes zieht. Gott hat seine Hand immer über uns und beschützt uns mit seiner Macht und Güte. Jesus, sein Sohn, der für jeden von uns am Kreuz gelitten hat, ist für mich das stärkste aller Argumente und sicherlich war auch Lydia an diesem Punkt „Feuer und Flamme" für den Glauben.
Gina-Maria, 15

....

....

....

....

....

....

....

....

....

....

....

....

50. Pricilla

APOSTELGESCHICHTE 18,2-20; 1. KORINTHER 16,19; RÖMER 16,3.4; 2. TIMOTHEUS 4,19

Rom

Seit gestern ist klar: Mein Mann Aquila und ich müssen die Stadt verlassen. Der regierende Kaiser Claudius lässt alle Juden aus der Stadt vertreiben. Es interessiert ihn nicht, dass wir auch an Jesus Christus, seinen Tod und die Auferstehung glauben. Es interessiert ihn auch nicht, dass wir alles zurücklassen müssen, was uns ans Herz gewachsen ist. Er will uns einfach nur weghaben. Ich wühle missmutig in unseren Sachen herum. Schalen, Schriftrollen, Krüge und Kleidungsstücke liegen wild durcheinander im Zimmer. Noch kann ich mich nicht überwinden, das alles systematisch in Kisten zu verpacken. Nach einiger Zeit gebe ich das Packen auf. Ich setze mich auf einen Stuhl, ziehe die Beine an und starre vor mich hin. Meine Gedanken wandern zu vielen schönen Tagen, die wir hier erlebt haben. Ich seufze. Wo werden wir wohl landen? Welches Abenteuer hält Gott als nächstes für uns bereit? Mit ihm und für ihn werden wir hier weggehen! Wir wollen ihm vertrauen. Er wird uns gut leiten. Ein Klopfen reißt mich aus meinen Gedanken. Das muss Judith sein. Sie will mir beim Packen helfen ...

Korinth

Unser Geschäft geht ganz gut. Ein paar Monate sind wir jetzt hier und es hat sich herumgesprochen, dass wir gute Zelte herstellen. Seit zwei Tagen haben wir einen neuen Mitarbeiter, der auch bei uns wohnt. Er heißt Paulus und hat schon jetzt ein geschicktes Händchen bewiesen. Als wir uns kennengelernt haben, war Aquila und mir gleich klar, dass dieser Mann von Jesus berührt wurde. Er brennt für ihn. Es scheint so, als hätte Gott ihn für große Taten auserwählt. Wir wollen ihm gerne helfen und uns ebenfalls für Gott einsetzen. Gemeinsam können wir in dieser Hafenstadt, in der alle möglichen Menschen mit ganz verschiedenen Religionen und Hintergründen leben, richtig was bewegen. Wir beginnen für die Stadt und ihre Bewohner zu beten. Schon bald versammeln sich einige interessierte Leute in unserem Haus. Wir essen gemeinsam, feiern das Abendmahl und hören auf das, was Paulus und andere uns predigen.

Inzwischen sind wir schon eineinhalb Jahre hier in Korinth. Die Gemeinde ist stetig gewachsen. Immer wieder sind neue Leute dazugekommen. Paulus wohnt zwar nicht mehr bei uns, wir sind aber immer noch eng befreundet. Seit ungefähr zwei Monaten spricht er davon, dass er in neue Städte aufbrechen will. Er will dort weitere Gemeinden gründen und noch vielen Menschen von Jesus erzählen. Viele in unserer Gemeinde finden seine Pläne nicht gerade prickelnd. Sie wollen ihn lieber hier behalten. Aquila und ich hingegen überlegen, ob wir Paulus auf seiner Reise begleiten. Das würde für uns bedeuten, wieder alles hinter uns zu lassen, was wir mühsam aufgebaut haben. Ich schwanke ehrlich gesagt hin und her. Ich will den Glauben an Jesus weitertragen und für ihn wirken. Ich hätte aber auch gerne ein Zuhause. Schließlich komme ich zu dem Entschluss, dass wir das auch später noch haben können. Aquila ist derselben Meinung. Wir beschließen gemeinsam, Paulus zu begleiten und mit ihm zu reisen. Die Koffer sind schnell gepackt und werden auf ein Schiff verladen. Auf geht's!

Ephesus

Neue Heimat, neue Gemeinde. Während Paulus viel reist, beginnen wir mit dem Gemeindeaufbau in der Stadt. Es ist mühsam und hart. Nicht alle wollen etwas von Jesus wissen. Nebenher müssen wir noch Geld zum Überleben verdienen. Doch wir tun es beide gerne für den Herrn. Er ist es, den wir gemeinsam groß machen wollen!

Aquila und Pricilla sind ein bekanntes Ehepaar unter den ersten Christen. Gemeinsam haben sie sich für Jesus entschieden. Sie leben an verschiedenen Orten, an denen sie den Gemeindeaufbau entscheidend mit prägen. Paulus ist beiden für ihre Unterstützung sehr dankbar. Pricilla scheint für ihn genauso eine wichtige Freundin zu sein, wie ihr Mann ein Freund für ihn ist.

Ich finde es faszinierend, wie die beiden als Paar für Jesus unterwegs sind. Es ist cool, dass sie sich nicht selbst genügen, sondern ihre Power für andere und Gott einsetzen. Überlege doch mal, wie du mit deinem Freund oder einer Freundin in diese Welt und in dein Umfeld hineinwirken kannst.

Mein Mann und ich wollen zum Beispiel eine offene Tür für alle haben, für andere beten und gemeinsam fragen, was Gott mit uns vorhat. Wir sind gespannt auf seine Antwort und seine Führung. Wir vertrauen uns ihm an und glauben, dass er für uns als Paar Aufgaben und Ideen bereithält.

....

....

....

....

....

....

....

....

....

....

51. Lois und Eunike

2. TIMOTHEUS 1,5

Meine Vorbilder ... hmm, ihr wollt etwas über meine Vorbilder wissen? Da will ich auf jeden Fall Paulus erwähnen. Er ist mein Vater im Glauben und hat mir Jesus sehr nahegebracht. Er war es, der mich dazu ermutigt hat, Gemeindeleiter zu werden. Meine Art die Gemeinde zu gestalten und zu leben habe ich von ihm. Paulus begleitet mich zwar intensiv, aber noch nicht so lange wie meine Oma Lois und meine Mutter Eunike. Diesen beiden Frauen verdanke ich es, dass ich mit Jesus lebe, seit ich klein bin. Sie haben mich nie zu einer Entscheidung gedrängt, sondern immer für mich gebetet und mich in die Gemeinde mitgenommen.

Meine Oma ist eine tolle Frau gewesen. Ich habe sie sehr für ihre Treue und ihre Geduld bewundert. An jeder Situation hat sie etwas Positives gefunden. Oft hat sie mich daran erinnert, dass wir dankbar für unser Leben sein dürfen. Am Ende konnte sie fast nichts mehr sehen. Jede Bewegung hat ihr Schmerzen bereitet. Aber eine Sache hat sie sich nicht nehmen lassen: Sie hat trotzdem gebetet. Jeden Tag hat sie Menschen vor Gott gebracht. Wenn ich sie besucht habe, habe ich ihr Geschichten von Jesus erzählt. Am liebsten mochte sie die Geschichten von Ostern. Bei dem Wort „Auferstehung" hat sie immer gelächelt und gesagt: „Timotheus, bald werde ich bei Jesus sein. Er hat es mir möglich gemacht, zu ihm zu kommen. Ich freue mich darauf!" Sie ist ruhig gestorben, voller Erwartung auf ihren Herrn. Obwohl sie keine Frau der großen Worte war, hat das, was sie täglich gelebt hat, einen tiefen Eindruck bei mir hinterlassen. Ihre Hingabe und Liebe zu Jesus waren einmalig.

Meine Mutter ist in vielerlei Hinsicht meiner Oma sehr ähnlich. Sie hat ihr wunderbares Lachen und die Grübchen auf den Wangen geerbt. Mama ist eine sehr fürsorgliche Person. Sie bemuttert alles und jeden. Es gab und gibt keinen Tag, an dem unser Esstisch nicht voll besetzt ist und fast unter der Last der Speisen zusammenbricht. Jeder ist bei ihr herzlich willkommen. Für alle hat sie ein offenes Ohr.

Wenn ihr jemand sein Herz ausschüttet, betet sie für diese Person. Sie schafft es außerdem, in den passenden Momenten von Jesus zu erzählen. Dann berichtet sie mit leuchtenden Augen, wie sehr er sie liebt. Sie vertraut ihm grenzenlos.

Ich bin sehr stolz auf meine Mutter. Sie ist die beste Mama, die ich mir wünschen kann. Denn obwohl sie eigentlich immer etwas vorhat oder jemand zu Besuch ist, bin ich ihr sehr wichtig. Für mich nimmt sie sich gerne Zeit. Oft fragt sie, für was sie beten kann. Sie ist mir schon immer eine große Stütze gewesen.

Wenn ich das so erzähle, werde ich sehr dankbar. Es tut gut, mit solch großartigen Vorbildern beschenkt zu sein!

Sie ist manchmal emotional, manchmal nüchtern. Sie lacht gerne und geht ohne große Scheu auf Menschen zu. Es gibt fast nichts, was sie nicht im Blick hat. Sie ist ein wunderbares Organisationstalent. Als sie 17 Jahre alt war, hat sie Jesus kennengelernt und ihn als den Herrn ihres Lebens angenommen. Sie brennt bis heute für ihn. Sie liebt ihn von ganzem Herzen.

Ein paar Jahre später hat sie eine weitere mutige Entscheidung getroffen: weil sie sich verliebt hat, hat sie ihre Heimat Niedersachsen verlassen und ist in den Süden Deutschlands gezogen. Sie hat ihre große Liebe Markus über viele Ehejahre (es sind schon 27) unterstützt. Sie ist eine liebevolle Ehefrau und Mutter von drei Kindern geworden.

Ich ahne, dass es für sie nicht immer leicht war, Mutter zu sein. Mit ihrer ältesten Tochter gab es, als die ein Teenager war, große Auseinandersetzungen. Trotz verschiedener Meinungen haben sie versucht, miteinander auszukommen. Ihre älteste Tochter hat viel von ihr, konnte das aber lange Zeit nicht verstehen oder akzeptieren. Je mehr sie es annimmt, ähnliche Begabungen und große Gefühle wie ihre Mutter zu haben, desto mehr findet sie zu sich selbst. Diese Tochter bin ich, Dina. Je mehr ich begreife, dass meine Mutter mir ein Vorbild war und ist, desto mehr kann ich Frieden finden.

Mama, ich danke dir für alles, was du für mich getan hast. Es tut mir so gut, dass du stolz auf mich bist. Beim Schreiben habe ich Tränen in den Augen. Du bist wunderbar. Danke.

Hier noch eine kleine Idee für die kommende Woche: Vielleicht hast du auch ein Vorbild. Vielleicht hast du ihm oder ihr noch nicht gesagt, was er oder sie für dich bedeutet. Es lohnt sich, genau das zu tun. Für meine Mutter und mich sind das heute noch große Momente, die wir feiern.

....

....

....

....

....

52. Phoebe

RÖMER 16,1+2

Puuuh, ich brauch jetzt erst mal eine Pause.
Seit Stunden laufe ich durch die Gegend. Es fiel mir nicht leicht, mein Zuhause und meine Gemeinde in Kenchreä zurückzulassen. Meine Aufgabe dort, für die Bedürftigen zu sorgen und für sie da zu sein, muss jetzt für ein paar Wochen jemand anderes übernehmen. Ich hab einen wichtigen Auftrag bekommen, den ich auf jeden Fall erledigen will.

Um diese Sache auszuführen, bin ich seit Tagen zu Fuß unterwegs. Mein Ziel ist Rom. Ich war noch nie in dieser Stadt und bin, ehrlich gesagt, sehr aufgeregt, was ich dort alles zu sehen bekomme. Aber ich gehe nicht nach Rom, um Sightseeing zu machen. Meine Aufgabe ist es, einen Brief an die christliche Gemeinde in der Stadt zu überbringen. Dieser Brief ist nicht ganz so, wie du ihn dir jetzt vorstellst. Er passt nicht wie bei euch in einen kleinen weißen oder einen etwas größeren braunen Umschlag. Dafür ist er viel zu umfangreich. Ich trage ihn in einer Tasche, die damit ganz ausgefüllt ist. Der Brief kommt von Paulus und der kann sich nun mal nicht kurz fassen. Er hat der christlichen Gemeinde in Rom so viel zu sagen, dass fast ein kleines Buch herausgekommen ist.

Ein bisschen weiß ich auch, was der Inhalt dieses Briefes ist. Sein großes Thema lautet: Gott hat sich uns in Jesus gezeigt und wir dürfen durch ihn lernen, dass Gott gerecht ist. Wer das glaubt und für sich persönlich annimmt, wird gerettet.

Nachdem er sein Thema genannt hat, schreibt Paulus, dass keiner von uns diese Rettung verdient hat, weil jeder von uns Fehler macht. Das ist hart zu hören und auch nicht leicht zu lesen. Wer will schon gerne auf seine Fehler angesprochen werden? Zum Glück geht der Brief weiter. Paulus macht dann klar, dass Jesus Christus für uns am Kreuz gestorben ist und damit unsere Fehler zunichtemacht. Wer das glaubt und seine Fehler Jesus gibt, kann versöhnt mit ihm leben.

Ich kann manchmal selbst nicht fassen, dass Jesus das getan hat. Ich bin ihm unendlich dafür dankbar und wünsche mir, dass viele Menschen das für sich in Anspruch nehmen.

Ich könnte dir noch viel mehr von dem erzählen, was Paulus geschrieben hat. Aber ich muss jetzt mal weitergehen. Es liegt noch ein langer Weg vor mir. Das macht mir nichts aus. Ich bin stolz und glücklich, die Überbringerin dieser guten Botschaft zu sein. Der Gedanke an Jesus und was er für mich getan hat, hält mich fit und lässt mich schnell laufen. Er ist es wert, dass man sein Wort auf der ganzen Welt weitersagt!

Die Bibel erzählt uns im Alten Testament in vielen Geschichten eine gute Nachricht: Gott liebt uns. Er will etwas mit uns zu tun haben. Deshalb geht er uns nach und mit uns mit. Das Alte Testament beschreibt an manchen Stellen schon das, was im Neuen Testament, in den Evangelien (Matthäus, Markus, Lukas und Johannes) und auch im von Phoebe genannten Römerbrief das zentrale Thema ist: Jesus Christus ist zu uns gekommen. Er hat hier gelebt und uns gezeigt, wie groß Gottes Liebe zu uns ist: Er ist am Ende seines Lebens für uns gestorben und wiederauferstanden! Wenn wir das glauben und für uns annehmen, werden wir wie Phoebe auch zur Überbringerin dieser Nachricht. Es ist unsere Aufgabe, weiter zu sagen, was wir mit Gott erleben und wie wir ihn erleben. Überlege mal: Wie begegnet dir Gott in deinem Leben und in der Bibel? Wie würdest du das, was er für dich getan hat, in Worte fassen? Zu wem willst du gehen und das weitersagen?

....

....

....

....

....

....

....

....

....

....